U0717017

中华经典名著

全本全注全译丛书

张立敏◎译注

千家诗

中華書局

目 录

卷一 七绝

卷二 七律

卷三　五绝

卷四　五律

前　言

现代人常常提到的蒙学读物是“三百千千”，就是《三字经》、《百家姓》、《千字文》、《千家诗》。其中，《千家诗》是明清两朝流传极广、影响深远的儿童普及读物。它从一开始就受到广大读者的青睐，而“千家诗”这个书名更是广被采用，例如清代有《国朝千家诗》、《续千家诗》，民国间有《醒世千家诗》，当代又出现《官厅湖畔千家诗》、《岭南千家诗》、《当代江苏千家诗》、《五朝千家诗》、《少儿现代千家诗》、《中国现代千家诗》、《中日友好千家诗》、《外国千家诗》等，不一而足，蔚为大观，足见“千家诗”的影响。

今天通行本的《千家诗》定型于清代，由两部分组成，即《七言千家诗》和《五言千家诗》，严格地说它们是由不同时代、不同作者选编而成的。《七言千家诗》何时成书、选编者为何人至今是一个难以解开的谜。但是基本可以确定它最迟成书于明初，在明代朝野已经非常盛行。由于“千家诗”的影响，明末清初的一位醉心启蒙教育的选编者王相不仅为《七言千家诗》作注，还按照前者的编排方法编注唐代五言诗为《新镌五言千家诗》（绝句39首，律诗45首）。

王相，字晋升，江西临川人，热心于启蒙教育，编有《女四书》，注过《三字经》、《百家姓》、《增订广日记故事》等。尽管《七言千家诗》体现了宗尚宋诗的倾向，《五言千家诗》却是唐诗选本，但是后人还是将两书合刊，总称《千家诗》。合刊本《千家诗》为四卷本，共有诗人122家226首，其中唐代65家，宋53家，明2家，年代不可考无名氏2家；杜甫25首，李白8首，遂成为清代最流行的本子，原来的《七言千家诗》逐渐地退出历史舞台。

《千家诗》的盛行与其内容与选编方式有关。无论是七言诗部分还是五言诗部分，都有一个明确的读者群体预设或者说市场定位，那就是服务于初学者。在一个重视诗歌的国度里，它撷取篇幅短小、易于记诵的五、七言近体诗；所选诗人不拘大家名家，既有一流诗人、帝王将相，也有无名氏作者打油诗；题材多样，山水景物、赠友送别、思乡怀人、吊古伤今、咏物题画、侍宴应制，较为广泛地反映了唐宋时代的社会现实；尤其是按诗体分类，以四季节令为序，体现了农耕社会四季生活（士人生活为主）的方方面面，部头不大，似一部微型的古代文人生活百科全书。因而它不仅适合童蒙学习诗歌，而且便于阅读者短时间内了解社会生活，为今后踏入广阔的生活提供一个认识基础与思想准备。这或许是它超越时代诗歌风尚而盛行的一个原因。

在明清时期，《千家诗》渗透人们的生活，成为日常生活、娱乐的一部分。凌濛初《二刻拍案惊奇》卷一《进香客莽看金刚经，出狱僧巧完法会分》写众人好奇何以一本经书值50石米，僧辨悟以经书是白侍郎手迹众人不识为借口相拒绝，旁边有位叫黄撮空的私塾先生说："师父出言太欺人！甚么白侍郎黑侍郎，便道我们不认得？那个白侍郎，名字叫得白乐天，《千家诗》上多有他的诗，怎欺负我不晓得？我们今日难得同船过湖，也是个缘分，便大家请出来看看古迹。"由此可见，《千家诗》在普及文化知识方面的巨大作用。

而在饮酒宴会时，人们甚至采用其中的诗句作酒令。明无名氏撰《笑海千金》载：

昔一县尹与县丞爱钱，主簿极清。一日同饮酒，至半酣，县尹遂设一酒令：要《千家诗》一句，下用俗语二句，其意须相属。尹首道："旋斫生柴带叶烧，热灶一把，冷灶一把。"丞接道："杖藜扶我过桥东，左也靠着你，右也靠着你。"主簿托意嘲道："梅雪争春未肯降，原告一两三，被告一两三。"

宴会时文人常取其中诗句作酒令，这就是形形色色的"千家诗"酒令，清代成为时尚。据清代佚名《新刻时尚华筵趣乐谈笑酒令》记载，有"《千家诗》贯《西厢》曲令"、"《千家诗》贯《千字文》令"、"古人名贯《千家诗》令"、"小春贯《千家诗》令"（卷二），"《千家诗》贯曲牌、古诗令"（卷三），"骨牌名破《千家诗》句令"、"官名破《千家诗》句令"（卷一）等。《红楼梦》第一〇八回，贾母带着邢王二夫人等行酒令时，行的便是"骨牌名破《千家诗》句令"。薛姨妈掷的骰子是四个幺"商山四皓"，年纪大的贾母、李婶娘、邢王二夫人都该喝一杯。贾母举酒要喝，鸳鸯道："这是姨太太掷的，还该姨太太说个曲牌名儿，下家儿接一句《千家诗》。说不出的罚一杯。"

民间还根据《千家诗》诗意作画，装饰彩灯。张岱《陶庵梦忆》卷六记载绍兴灯景之盛，为海内所夸，说"十字街搭木棚，挂大灯一，俗曰'呆灯'，画《四书》、《千家诗》故事，或写灯谜，环立猜射之"。

时至今日，《千家诗》依然受到广大读者的喜爱。在电子商务、网络文化流行的时代里，依然散发着不可替代的光芒，有着自己独特的魅力。

本书以上海锦章书局石印本《绘图千家诗注释》为底本，足本注释，疑难词句以及典故给以解释说明。此外，每首诗作一个简单的题解，考证写作时间，概述诗歌主旨。凡文字有明显错误的，直接改动，如"十里莺啼绿映红"；文字异同和《千家诗》作者署名有误的，均参校诗人别集、总集、选集，如《韩昌黎诗系年集释》、《全唐诗》、《宋诗纪事》等进行校勘，并注明异同文字并直接改正署名。凡是题目《千家诗》与别集、总集及今存诗歌最早出处不一致的，一般不予更改，只在注释中说明。个别情况直接改动题目，在注释中说明《千家诗》题目内涵。在校对文字、注释及作品辨伪、系年上，尽可能汲取今人研究成果，以期最大程度地减少错误。不当之处，敬请方家指正。

张立敏

2011年3月

卷一

七 绝

春日偶成[1]

程 颢[2]

云淡风轻近午天[3],傍花随柳过前川[4]。
时人不识余心乐[5],将谓偷闲学少年[6]。

【注释】

①诗题一作《偶成》,作于公元1058—1062年春程颢任陕西鄠县(今陕西西安鄠邑区)主簿时。诗人以清丽的语言描绘出春光融融的景象,通过自己的游赏之乐被“时人”误解,用反衬的手法抒写了诗人的闲适自得之乐,表达了理学家对平淡自然境界的追求。

②程颢(hào,1032—1085):字伯淳,号明道,北宋理学家、教育家,洛阳(今属河南)人,学者称明道先生。与其弟程颐奠定了北宋理学基础,世称“二程”。他和程颐的学说为朱熹所继承和发展,世称“程朱学派”。他提出“天者,理也”和“只心便是天,尽之便

知性”的命题，认为知识、真理内在于人的心中，为学当以“识仁”为主，“仁者浑然与物同体，义、礼、知、信皆仁也”。著作收入《二程全书》中。

③午天：正午时分。

④傍（bàng）花随柳：穿行于花柳之间。傍，一作“望”。傍，依靠。川：平原或河畔。

⑤识：知道。时人：一作“旁人”。余：一作“予”。

⑥将：乃，于是，就。

春　日①

朱　熹②

胜日寻芳泗水滨③，无边光景一时新。
等闲识得东风面④，万紫千红总是春⑤。

【注释】

①这是一首哲理诗，而一般被认为是游赏之作，诗通篇用比喻，用诗人探寻春天以及对春天的勃勃生机的感受来讲明一个道理：只要进了孔圣之门，懂得了儒家真谛，就能领略到无边生机。

②朱熹（xī，1130—1200）：字元晦，一字仲晦，号晦庵、晦翁、考亭先生、云谷老人、沧州病叟、逆翁，别称紫阳先生。宋代著名理学家、教育家，中国思想史上最有影响力的哲学家之一。祖籍徽州婺源（今属江西），生于南剑州尤溪（今属福建）。宋高宗绍兴十八年（1148）进士。生平主要从事著述和讲学，是宋代理学集大成者。有《四书集注》、《楚辞集注》八卷、《诗集传》二十卷等。有

《晦庵先生文集》一百卷。

③胜日：原指节日或亲朋相聚的日子，这里指美好的日子，天气晴朗的日子。寻芳：看花观景。泗（sì）水：在今山东省中部，源于泗水县东部陪尾山下，由趵突、响水、洗钵、红石四大泉汇流而成，与运河相通，因四源并发而名。出县境后吸纳了西沂水、险水、汴水等，成为淮河下游最大支流。因此，历史上常把泗河与淮河并称为“淮泗”。因为孔子曾经在洙水、泗水聚徒讲学，所以后世用为孔子与儒家的典故。阮侃《答嵇康诗二首》：“唐虞旷千载，三代不我并。洙泗久已往，微言谁为听。曾参易箦毙，仲由结其缨。”

④等闲识得：容易识别的意思。等闲，寻常，随便，到处。东风：春风，此指春天。

⑤万紫千红：形容色彩缤纷。总是：都是。

春　宵①

苏　轼②

春宵一刻值千金③，花有清香月有阴。
歌管楼台声细细④，秋千院落夜沉沉⑤。

【注释】

①诗题一作《春夜》。这首诗用警醒的语句单刀直入，点明主旨，富于哲理意味，接着以欢快流畅的语言从嗅觉、视觉、听觉描写春天夜空中的花香、月影以及楼台上的歌管声，抒发了浓郁的惜春之情。

②苏轼（shì，1037—1101）：字子瞻，一字和仲，号东坡居士，眉山（今属四川）人。与父苏洵、弟苏辙为北宋散文名家，同列唐宋八大家，被称为“三苏”。宋仁宗嘉祐二年（1057）进士。生平坎坷，屡遭贬谪。苏轼的诗歌现存二千七百余首，诗歌境界开阔，气势磅礴，感情奔放，想象丰富，奇趣横生，笔力雄健，纵横驰骋。擅长词，是宋代豪放词的开山人物，同时风格多样，发展了婉约词，扩大了婉约词的题材，提高了婉约词的格调。工书画。有《苏轼文集》、《苏轼诗集》和《东坡乐府》，诗文合集有《苏东坡集》。

③春宵一刻值千金：用夸张的手法写出惜春之意。春宵，春夜。一刻，古代计时单位，一昼夜为一百刻。

④歌管：歌唱的声音和乐器的演奏声。管，管乐器，如笛、笙、箫之类。

⑤院落：庭院。沉沉：形容夜很深了。

城东早春①

杨巨源②

诗家清景在新春③，绿柳才黄半未匀④。
若待上林花似锦⑤，出门俱是看花人⑥。

【注释】

①这首诗吟咏早春，用细腻的笔触通过对柳色的描绘写出了早春的清新可人，抒发了对早春的偏爱。尽管繁花似锦有它的佳处，可是游人如织过于喧闹，并不是诗人所喜爱的。对比的手法显示出了诗人清远含蓄的审美意趣，这其实也是中国文人含蓄品

质的一个表现。

②杨巨源（755—832）：唐代诗人，字景山，后改名巨济，河中（今山西永济）人。唐德宗贞元五年（789）进士，授秘书郎，后以国子祭酒致仕。其诗闻名于元和长庆间，为同时诗家所推重。杨巨源才雄学富，用意声律，格调虽高，而神情稍减，然其平远深细处，堪称高手。有《杨少尹诗集》，《全唐诗》存诗一卷，《全唐诗续拾》补诗三首，断句五句。

③诗家：诗人。清景：清新的景色。

④绿柳才黄半未匀：此句写柳树刚显现出鹅黄色，色泽还不鲜艳。匀，均匀。

⑤上林：古代皇家园林上林苑，故址在今陕西西安。

⑥俱：都。

春　夜①

王安石②

金炉香尽漏声残③，剪剪轻风阵阵寒④。
春色恼人眠不得⑤，月移花影上栏杆。

【注释】

①诗题一作《夜值》，宋代制度，翰林学士每夜轮流一人在学士院里值班留宿。王安石于英宗治平四年（1067）九月为翰林学士，宋神宗熙宁元年（1068）四月到京师。此诗写于熙宁二年（1069）初春。这首诗写入翰林院值夜班的感受。早春的天气，轻风吹拂，晓寒微侵，最能给人以春的气息；月的清阴，花的芬芳，令春风得

意的诗人激动不已，不由得走出屋子，陶醉于宫禁中的美好春色。作者一般认为是王安石，周紫芝《竹坡诗话》则认为是王安石弟王安国。

②王安石（1021—1086）：北宋著名政治家、文学家。字介甫，晚号半山。抚州临川（今属江西）人。诗多指陈现实，有感而发。如《河北民》。咏史之作，往往寓意深刻，如《商鞅》、《贾生》等。《明妃曲》二首，立意新颖，尤负盛名。退隐后，诗歌转为描写山光水色。他的雄直峭劲、壮丽超逸而又深婉不迫的独特诗风，为推动宋诗革新起了积极作用。王安石为唐宋古文八大家之一，文存千余篇，词格调高峻，最为绝唱。有《临川集》一百卷传世。

③炉：香炉。漏声残：天将亮。漏为古代计时工具，以铜壶等容器盛水，使之滴入有刻度的器具中，看器具中盛水的情况来计时。

④剪剪：形容春风轻微。

⑤春色恼人：春色撩人，欧阳修《少年游》："拈花嗅蕊，恼烟撩雾，拚醉依西风。"

初春小雨①

韩 愈②

天街小雨润如酥③，草色遥看近却无。
最是一年春好处④，绝胜烟柳满皇都⑤。

【注释】

①诗题一作《早春呈水部张十八员外》，张十八员外指任水部员外郎的张籍。这首诗写于唐穆宗长庆三年（823）初春的长安，当时

韩愈任吏部侍郎。诗用极其细腻的笔法，巧妙地运用通感与错觉，描绘出春雨的独特感受与不易为人察觉的春色，抒发了对早春的喜爱。而诗中描绘出草色若隐若现的妙趣，既符合自然规律又颇具哲理趣味，历来受人推崇。

②韩愈（768—824）：唐代著名文学家、哲学家。字退之，河南河阳（今属河南）人。晚年任吏部侍郎，称韩吏部。死后谥“文”，又称韩文公。因他的先世曾居昌黎（今辽宁义县），故韩愈也自称昌黎人，世称“韩昌黎”。韩愈3岁丧父，由兄嫂抚养成人。德宗贞元八年（792）登进士第，历官国子祭酒、吏部侍郎等显职。有《昌黎先生集》传世，今通行本是钱仲联的《韩昌黎诗系年集释》。

③天街：御街，帝都街道。酥（sū）：奶酪，这里比喻春雨的滋润。

④处：时，在诗词中多作时间用，不作地点解。

⑤绝胜：绝对超过。皇都：京城。

元　日①

王安石

爆竹声中一岁除②，春风送暖入屠苏③。
千门万户曈曈日④，总把新桃换旧符⑤。

【注释】

①元日：元旦，农历正月初一，是我国最为隆重的传统节日，象征着旧年的结束，新年的开始。旧俗家家放爆竹，换桃符，饮屠苏。这首诗用简明轻快的语言，白描的手法，把元日的习俗、人们除旧布新的喜悦、欢庆热闹的气氛、对未来的憧憬融入诗中，描绘

出新年伊始举国上下一派欢欣鼓舞热闹非凡的景象。

②除：过去。

③屠(tú)苏：一种美酒，古人在酒里泡屠苏草、肉桂、山椒等，故有此名。唐宋有正月初一饮屠苏酒习俗，据说可以除灾避邪。

④曈曈(tóng)：形容太阳初升的样子。

⑤桃：桃符，用桃木做的木匾，上画神像，如钟馗、秦琼等，古代元旦更换，用来驱邪。桃符后来演化为春联。

上元侍宴①

苏 轼

淡月疏星绕建章②，仙风吹下御炉香③。
侍臣鹄立通明殿④，一朵红云捧玉皇⑤。

【注释】

①这首诗是苏轼《上元侍饮楼上呈同列》三首的第一首，是首应制诗，内容上除了歌功颂德之外，通过生动形象的比喻，如天鹅的站立、红云缭绕，描绘出一幅庄严肃穆尊贵气派的画面。诗人围绕歌颂这一主题，采取了由外及里、由物及人层层推进的顺序，视线先由天上转移到殿前，再由殿前进入殿中，最后定格于歌颂对象皇帝身上，点出诗歌的主题，层次分明，次序井然。上元：节日，农历正月十五。

②建章：汉宫名，故址在今陕西西安西，此指北宋皇宫（在汴梁，今属河南开封）。

③御炉：皇帝用的香炉。

④鹄（hú）立：像天鹅一样立着，形容肃立的样子。鹄，天鹅，因其站立时总是伸直脖子，故用来形容站立时的端正恭敬。通明殿：传说中玉皇大帝的宫殿，此指皇帝临朝大殿。元好问《记梦》诗："梦中望拜通明殿，曾见金书两字来。"

⑤玉皇：天帝，此指皇帝。

立春偶成①

张　栻②

律回岁晚冰霜少③，春到人间草木知。

便觉眼前生意满④，东风吹水绿参差⑤。

【注释】

①诗题一作《立春日禊厅偶成》。这首即兴之作以"律回"为契机，捕捉春回大地的气息，通过春草、春树、春水写出"一元复始，万象更新"，昭示春意盎然的景象。立春：二十四节气之一。一般在阳历二月三、四或五日。《逸周书·时训》："立春之日，东风解冻；又五日，蛰虫始振；又五日，鱼上冰。"

②张栻（shì，1133—1180）：字敬夫，又字钦夫，号南轩，祖籍汉州绵竹（今属四川），寓居衡阳（今属湖南），为南宋中兴名将张浚之子。与朱熹、吕祖谦为友，史称"东南三贤"。以祖荫入仕。乾道初，主讲岳麓书院。著有《南轩易说》、《孟子说》、《论语解》、《南轩文集》等。

③律回：节令回转，又指新春伊始。律，律历，古代以十二乐律配十二月令。相传黄帝命"伶伦"（古乐官名，世掌乐官）断竹为筒（后

人多用金属管），以定音和候十二月之气。阳六为律，即黄钟、太簇、姑洗、蕤宾、夷则、无射；阴六为吕，即大吕、夹钟、仲吕、林钟、南吕、应钟。农历十二月属吕，正月属律，立春往往在十二月与一月之交，所以曰“律回”。

④生意：生机。

⑤参差（cēn cī）：不平衡或不整齐的样子，此指风吹绿水所产生的水纹相接之状。

打球图①

晁说之②

阊阖千门万户开③，三郎沉醉打球回④。
九龄已老韩休死⑤，无复明朝谏疏来⑥。

【注释】

①诗题一作《题明王打球图》，又作《明皇打球图》。马球又称婆罗球，由西域传入，为帝王权贵所喜爱，唐代文献中有多处玄宗打马球的记载。这首诗写了诗人观看一幅描绘唐玄宗打球的图画后的感触，以唐喻宋，借古讽今。画这幅图的画家构思十分巧妙，抓住唐玄宗打球带醉态回宫这一时刻并把它置于阔大的场面中，来反思唐帝国的衰亡。诗人的心也是十分敏感的，从画面中读到了隐藏在其中的东西，发出深沉的感叹。而当时正是北宋后期，宋徽宗也是耽于蹴鞠之乐，整日不理朝政。人们不难理解到诗人对现实的反思与慨叹。打球图：一幅描绘唐玄宗打马球的图画。

②晁（cháo）说之（1059—1129）：字以道，一字伯以，济州巨野（今山东巨野）人，因慕司马光为人，自号景迂生。神宗元丰五年（1082）进士。后入党籍。高宗立，召为侍读，后提举杭州洞霄宫。有《嵩山集》（又名《景迂生集》）二十卷。

③阊阖（chāng hé）：传说中的天门，此指宫门。屈原《楚辞·离骚》："吾令帝阍开关兮，倚阊阖而望予。"王逸注："阊阖，天门也。"千门万户：描写帝都的常用词，如林宽《终南山》："标奇耸峻壮长安，影入千门万户寒。"范灯《忆长安·九月》："更想千门万户，月明砧杵参差。"

④三郎：唐玄宗小字。因其排行第三，故称。唐郑嵎《津阳门》诗："三郎紫笛弄烟月，怨如别鹤呼羁雌。"原注："内中皆以上为三郎。"宋马永卿《懒真子》卷一："三郎谓明皇也。"明屠隆《彩毫记·为国荐贤》："一自三郎度曲后，许多天乐在人间。"

⑤九龄：张九龄（678—740），唐开元名相、诗人。字子寿，又名博物，韶州曲江（今广东曲江）人。张九龄为相贤明，刚正不阿，敢于直谏，主张用人不循资格，又置十五道采访使以察州县。开元二十四年（736），为李林甫所排挤，罢知政事。后又贬为荆州大都督府长史。从此以后，李林甫执政，朝廷大臣，皆尸禄保官，言事者少。今传其著作《曲江张先生文集》。韩休：也是玄宗前期忠直敢谏的名相。京兆长安（今陕西西安）人。性耿直，敢进谏，宋璟誉为"仁者之勇"。累官礼部侍郎。开元二十一年（733），萧嵩推荐韩休为宰相，十个月后即罢相。官工部尚书、太子少师，封宜阳子。终太子少师，谥文忠。唐玄宗曾言："吾虽瘠，天下肥矣。且萧嵩每启事，必顺旨，我退而思天下，不安寝。韩休敷陈治道，多讦直，我退而思天下，寝必安。吾用休，社稷计耳。"

⑥无复：不再有。谏（jiàn）疏：谏书，条陈得失的奏章。唐韩愈《游青龙寺赠崔大补阙》诗："年少得途未要忙，时清谏疏尤宜罕。"

宫　词①

王　建②

金殿当头紫阁重③，仙人掌上玉芙蓉④。
太平天子朝元日，五色云车驾六龙⑤。

【注释】

①这是首应制诗，抓住帝王乘驾出现这一瞬间，通过描绘宫殿建筑的雄伟壮观、雍容华丽与帝王车驾的皇家气派，歌咏太平天子祭祀典礼。宫词：是唐代诗歌中常用的诗题，描写宫中生活，内容大多描写深宫中宫女的忧愁和哀怨，形式一般为五言或七言绝句。其中以王建的《宫词》百首最为出名。

②王建（约767—831）：字仲初，颍川（今河南许昌）人。出身寒微。大历十年（775）进士。居乡则“终日忧衣食”，四十岁以后，“白发初为吏”，沉沦于下僚，任县丞、司马之类，世称“王司马”。他写了大量的乐府，其以田家、蚕妇、织女、水夫等为题材的诗篇，语言也较朴实。与张籍齐名，称“张王乐府”。又写过《宫词》百首，在传统的宫怨之外，还广泛地描绘宫中风物，是研究唐代宫廷生活的重要材料。他还写过一些小词，别具一格。

③紫阁：华丽的楼阁，帝王居所，这里指朝元阁，是唐朝天子朝上帝的地方，位于华清宫老君殿北。

④仙人：朝元阁铜铸仙人。汉武帝迷信神仙，于建章宫筑神明台，立铜仙人舒掌捧铜盘承接甘露，冀饮以延年。后三国魏明帝也在芳林园置承露盘。自从汉武帝建金铜仙人承露盘后，仙人掌、

玉芙蓉便成为宫禁的标志之一，同时也就成为描写宫中生活的常用词，如窦牟《晚过敷水驿却寄华州使院张郑二侍御》：“仙人掌上芙蓉沼，柱史关西松柏祠。”张炎《水龙吟·白莲》：“仙人掌上芙蓉，涓涓犹湿金盘露。”芙蓉（fú róng）：荷花。

⑤五色云车：传说中仙人的车乘。仙人以云为车，故称。《淮南子·原道训》：“昔者冯夷、大丙之御也，乘云车入云蜺，游微雾。”唐李白《寄王屋山人孟大融》诗：“所期就金液，飞步登云车。”此处指帝王銮舆。六龙：神话传说日神乘车，驾以六龙，羲和为御者。古代天子的车驾为六马，马八尺称龙，因以为天子车驾的代称。唐李白《上皇西巡南京歌》之四：“谁道君王行路难，六龙西幸万人欢。”

廷　试①

夏　竦②

殿上衮衣明日月③，砚中旗影动龙蛇④。
纵横礼乐三千字⑤，独对丹墀日未斜⑥。

【注释】

①这首诗写参加特谏科殿试的情景，首句写帝王端坐，龙袍灿烂夺目，次句写两列仪仗，彩旗飘飘，三句写自己答卷时挥毫如飞，末句写日未落已答完题，心情畅快，如春风拂面，得意洋洋。

②夏竦（sǒng，985—1051）：字子乔，江州德安（今属江西）人。初以父荫为润州丹阳县主簿，后举贤良方正，通判台州。召直集贤院，编修国史，迁右正言。仁宗初迁知制诰，为枢密副使、参知政

事。庆历七年（1047）为宰相，旋改枢密使，封英国公。谥文庄，有《文庄集》三十六卷、《古文四声韵》五卷。

③衮（gǔn）衣：古代帝王及上公绣龙的礼服，这里指皇帝的礼服。

④砚（yàn）中旗影动龙蛇：此句描写龙旗上的动物映在砚中的动态。

⑤礼乐：礼仪和音乐。古代帝王常用兴礼乐为手段以求达到尊卑有序、远近和合的统治目的。《礼记·乐记》："乐也者，情之不可变者也；礼也者，理之不可易者也。乐统同，礼辨异。礼乐之说，管乎人情矣。"《礼》、《乐》又与《诗》、《书》、《易》、《春秋》并称六经，为儒家经典文献。这里礼乐指符合儒家经典的文字。

⑥独对：宋朝有特荐科，对策称旨者，特赐进士及第，称为独对。丹墀（chí）：指宫殿的赤色台阶或赤色地面。唐李嘉祐《送王端赴朝》诗："君承明主意，日日上丹墀。"

咏华清宫①

杜　常②

行尽江南数十程，晓风残月入华清③。
朝元阁上西风急④，都入长杨作雨声⑤。

【注释】

①这是首咏史诗，通过描写游览华清宫所见，放眼是凄凉，抒发了历史兴亡与繁华不再的感慨。

②杜常：宋朝诗人，字正甫，卫州（今河南卫辉）人，昭宪皇后族孙，英宗治平二年（1065）进士。徽宗崇宁中拜工部尚书。后以龙图阁学士知河阳军。卒年七十九。

③“行尽”以下两句：首句写自己急匆匆地从江南一路赶来，急于观赏华清宫的美景；次句用白描的手法写出华清宫一片凄凉冷清景象，句意陡转急下，形成巨大反差。华清，即华清宫，唐代离宫，以温泉汤池著称，在今陕西临潼骊山北麓。据文献记载，秦始皇曾在此“砌石起宇”，西汉、北魏、北周、隋诸多朝代曾在此处建汤池。唐贞观十八年(644)太宗皇帝诏令在此造殿，赐名汤泉宫。天宝六载(747)改名华清宫。当时这里台殿环列，盛况空前，但安史之乱后皇帝很少游幸。至唐末废圮，五代成为道观。

④朝(cháo)元阁：宫殿名，在华清宫内。

⑤长杨：秦汉离宫。初建于秦昭王时，因宫中有垂杨数亩而得名。长杨宫位于今周至城东30里的终南镇竹园头村。长杨宫为皇帝游猎场所，秦亡后保存相对完整，到了西汉帝王们也常去游幸。汉成帝时，扬雄为谏讽游猎，以长杨宫为名，写有《长杨赋》。东汉后，长杨宫逐渐衰落。

清平调词①

李 白②

云想衣裳花想容③，春风拂槛露华浓④。
若非群玉山头见⑤，会向瑶台月下逢⑥。

【注释】

①诗作于唐玄宗天宝二年(743)，李白待诏翰林，时唐玄宗与杨贵妃于兴庆宫沉香亭前赏牡丹，命李白赋诗咏之，李白援笔而就，立进《清平调》三章。玄宗令梨园弟子“抚丝竹以促歌”，“帝自调

玉笛以倚曲”。《清平调》诗原三首，此选其一。这首诗用比喻、夸张、拟人等修辞手法，以盛开的牡丹比喻杨玉环，以杨玉环比盛开的牡丹，又将杨玉环比作天上的仙女下凡，赞美杨玉环的美貌，故而深得玄宗喜爱。清平调：唐大曲中调名，后为词牌名。

②李白（701—762）：字太白，号青莲居士。祖籍陇西成纪（今甘肃静宁西南），隋末其先人流寓碎叶（今吉尔吉斯斯坦北部托克马克附近）。幼时随父迁居绵州昌隆县（今四川江油）青莲乡，二十五岁起“辞亲远游”，仗剑出蜀。李白少有逸才，志气宏放，飘然有超世之心。天宝初，至长安，拜见贺知章。知章见其文，叹道：“子谪仙人也。”并在唐玄宗面前赞不绝口，唐玄宗在金銮殿召见，李白当场写赋一篇。唐玄宗赐膳，亲自为他调羹，诏供奉翰林。后李白恳求还山，玄宗赐金放还。乃浪迹江湖，终日沉饮。永王璘都督江陵，辟为僚佐。璘谋乱，兵败，李白坐放夜郎，后遇赦得还。文宗时，诏以白歌诗、裴旻剑舞、张旭草书为“三绝”。有《李太白集》三十卷行世。

③云想衣裳花想容：此句以明喻的手法写出杨玉环的美貌。想，像，似。

④拂：抚摸，拟人手法。槛（jiàn）：栏杆。露华浓：带露水的牡丹更鲜艳。华：同“花”，此指牡丹。

⑤若非：如果不是。群玉：山名，神话传说中西王母居住的地方，因山中多玉故有此称号。

⑥会：必然，一定是。瑶（yáo）台：西王母居住的宫殿。

题邸间壁①

郑 会②

荼蘼香梦怯春寒③，翠掩重门燕子闲。
敲断玉钗红烛冷④，计程应说到常山⑤。

【注释】

①这是一首题壁诗，是作者于旅行途中，题于他所住的旅馆房间墙壁上。诗用凄清的景物描写渲染内心的寂寞，通过设想妻子深夜惦念羁旅行程表达客居他乡的游子思念妻子之心。邸（dǐ）：旅舍。

②郑会：南宋人，字文谦，一字有极，号亦山，贵溪（今属江西）人。少游朱熹、陆九渊之门。宁宗嘉定四年（1211）进士。十年，擢礼部侍郎。卒年八十二。谥文庄。有《亦山集》，已佚。郑会诗，据《全芳备祖》等书所录，编为一卷。

③荼蘼（tú mí）：一作“酴醾”，花名，又叫木香、佛见笑。蔷薇科，春末夏初开放，一叶三花，白色，有清香。怯（qiè）：害怕，畏惧。

④玉钗：玉簪。

⑤计程：计算行程。常山：地名，今河北正定，一说今属浙江。

绝　句①

杜　甫②

两个黄鹂鸣翠柳③，一行白鹭上青天④。
窗含西岭千秋雪⑤，门泊东吴万里船⑥。

【注释】

①这首诗写于唐代宗广德二年（764）暮春，安史之乱后杜甫重返成都浣花溪草堂，写了《绝句四首》，这是第三首。诗生动地描绘了浣花溪畔草堂附近的优美景色，有近景，有远景，有静态，有动态，有残雪覆盖的巍峨岷山，有奔腾不息的长江，色彩绚丽，语言明快，字里行间充溢着对美好自然的热爱，充满奋发向上的精神，含蓄地表达出国家甫定后的喜悦。

②杜甫（712—770）：字子美，其祖先为襄阳人，是杜审言嫡长孙，曾祖杜依艺为巩令，因居巩。安禄山陷京师，肃宗即位灵武，杜甫自贼中遁赴行在，拜左拾遗。严武与杜甫为世交，严武镇成都，奏为参谋、检校工部员外郎，赐绯。杜甫在成都浣花里种竹植树，靠江结庐，纵酒啸歌其中。晚年漂泊鄂、湘一带，贫病而卒。元和年间，归葬偃师首阳山，元稹为他写墓志。在天宝年间，杜甫与李白齐名，时称“李杜”。杜甫诗歌以忠君忧国、伤时念乱为本旨，用沉痛之笔记录“安史之乱”前后这段历史，读其诗可以知其世，故当时谓之“诗史”。

③黄鹂（lí）：黄莺。

④白鹭（lù）：鹭鸶，羽毛纯白。

⑤窗含：窗户对着雪山，好像口含一样。西岭：泛指岷山，在成都西。岷山雪岭，积雪终年不化，故称“千秋雪”。

⑥门泊东吴万里船：杜甫草堂在万里桥附近，此句用万里桥典故。万里桥，原名长星桥，是战国李冰所建造的七星桥之一。据《元和郡县图志》，诸葛亮曾在此处送费祎出使东吴，费祎说："万里之路，始于此。"因名"万里桥"。又因桥南笃泉得名"笃泉桥"。古代一度是蜀人入吴（今浙江一带）的登船处（范成大《吴船录》）。东吴，今江浙一带，古称东吴。

海　棠①

苏　轼

东风袅袅泛崇光②，香雾空蒙月转廊③。
只恐夜深花睡去④，故烧高烛照红妆⑤。

【注释】

①诗作于宋神宗元丰三年（1080）至元丰七年（1084）之间，苏轼因"乌台诗案"被贬黄州，任团练副使。一说作于元丰三年（1080），苏轼贬黄州，寓居定慧院时。这是首咏物之作，前两句写物，从视觉、嗅觉角度描写，表现了月色朦胧的夜晚，微风吹拂之下，海棠花摇曳多姿，香气弥漫；后两句写诗人的情态，因为害怕海棠在深夜中睡去，所以特意点上高高的蜡烛，传神地写出诗人的痴情、海棠的美丽；典故的运用拓宽了想象的空间。

②东风：春风。袅袅（niǎo）：形容微风吹拂的样子。泛：浮动。崇光：春光。

③空蒙：一作"空濛"，雾气迷蒙。廊（láng）：回廊，走廊。

④"只恐"以下两句：写人与花对话，怕花睡去；燃亮烛火，近赏红

妆。这种痴语与顽行写出了苏轼对这株无人观赏的海棠的痴情。只恐，只怕，只是担心。故，因此。红妆，女子盛装，此处喻指海棠。据《明皇杂录》载，唐玄宗在沉香亭，要召见杨贵妃，而她酒醉未醒。等到高力士和侍女将她搀扶来后，仍然是醉眼朦胧，鬓乱钗横，衣冠不整。见此情景，玄宗笑道："岂是妃子醉耶？真海棠睡未足耳。"唐玄宗是以花喻人，苏轼这里以人喻花。李商隐《花下醉》中有诗句"客散酒醒深夜后，更持红烛赏残花"，苏轼的诗句可以说是点石成金。

清　明①

杜　牧②

清明时节雨纷纷，路上行人欲断魂③。
借问酒家何处有④，牧童遥指杏花村⑤。

【注释】

①这首诗描写清明时节的天气特征，抒发了孤身行路之人的情绪和希望以及欣喜与兴奋。清明在我国古代是个大节日，照例该家人团聚，一起上坟祭扫，或踏青游春。而诗歌中行人孤身一人，在陌生的地方赶路，心里的滋味已不好受，偏偏又淋了雨，心境就更加凄迷纷乱了。于是想在附近找个酒家，歇歇脚，避避雨，饮点酒，解解寒，同时借酒驱散心中的愁绪。这时遇到一个牧童，得知在一片红杏盛开的树林里，有一处酒家。其内心的欣喜之情可想而知。

②杜牧（803—852）：字牧之，京兆万年（今陕西西安）人，唐朝著名诗人。太和二年（828）擢进士第，复举贤良方正。累迁左补

阙、史馆修撰。大中五年(851),拜考功郎中、知制诰,迁中书舍人卒。杜牧刚直有奇节,不为龊龊小谨,敢论列大事,指陈病利尤切。其诗情致豪迈,人号为“小杜”(“老杜”为杜甫)。有《樊川文集》,《全唐诗》存其诗八卷。

③断魂:销魂,愁苦伤心到极点。

④借问:请问,向人问路。

⑤遥指:指着远处。杏花村:杏花深处的村庄。

清　明①

王禹偁②

无花无酒过清明,兴味萧然似野僧③。
昨日邻家乞新火④,晓窗分与读书灯。

【注释】

①这首诗以清明佳节为背景,在他人插柳赏花、踏青饮酒之时,诗人却像山僧一样过着萧条冷清的日子,新乞得火种,便挑灯夜读,直到拂晓。全诗运用衬托、对比手法,描绘出清贫寒士发奋攻读的情形。宋谢维新《古今合璧事类备要》卷十六认为作者是魏野,《宋诗纪事》卷十从之。

②王禹偁(chēng,954—1001):字元之,济州巨野(今山东巨野)人。太宗太平兴国八年(983)进士,授成武县主簿。真宗即位,知制诰。咸平元年(998)预修《太祖实录》,直笔犯讳,降知黄州。有《小畜集》三十卷、《小畜外集》二十卷(今残存卷六至卷十三等八卷)。作者一作魏野。魏野(960—1019),字仲先,陕州陕(今河

南陕县）人，北宋诗人。不求闻达，曾隐于陕州东郊，手植竹木，凿土为洞，称“乐天洞”，洞前自筑草堂，终日弹琴赋诗，号草堂居士。宋真宗闻其名，遣使往召之，他抱琴越墙而逃。后无疾而卒，诏赠秘书省著作郎。他善于作诗，内容多反映山中隐居生活的情趣，其诗据事直书，平易质朴，多警策句。有《草堂集》十卷，后其子魏闲重编为《巨鹿东观集》七卷。

③萧（xiāo）然：索然寡味，兴致极低。野僧：长期漂流在外的和尚。

④乞：讨，求取火种。新火：清明节前一日寒食，据传春秋时介之推随晋公子重耳出亡十九年，后重耳回国为君，介之推不求官俸，母子隐居绵山（今山西介休）。重耳求之不得，焚山逼之，介之推拒不出山，被烧死。后人为了纪念他，冬至后一百五日禁烟冷食，寒食节后新生的火种称为新火。

社　日①

王　驾②

鹅湖山下稻粱肥③，豚栅鸡栖对掩扉④。
桑柘影斜春社散⑤，家家扶得醉人归。

【注释】

①这首诗写乡村社日风俗，没有正面描写社日仪式活动，而是侧面着笔，描绘出一幅富庶太平热闹的景象，无怪乎清人沈德潜在《唐诗别裁集》中说它于“极村朴中传出太平风景”。

②王驾（851—?）：字大用，自号守素先生，河中（今山西永济）人，晚唐诗人。昭宗大顺元年（890）考中进士，曾任校书郎、礼部员外

郎。与司空图、郑谷为诗友,诗风也相近。其绝句构思巧妙,自然流畅,为司空图所推崇。集六卷,诗仅存六首。

③鹅湖山:山名,在今江西铅山北,原名荷湖山,有湖,多生荷。晋末有龚氏,畜鹅于此,因名鹅湖山。宋淳熙二年(1175)朱熹与吕祖谦、陆九渊兄弟讲学鹅湖寺,后人立为四贤堂。

④豚(tún)栅:猪栅栏,猪圈。鸡栖:鸡窝。扉(fēi):门。

⑤桑柘(zhè)影斜:日过午后,树影越来越斜,此指天色已晚。柘,树。春社:古代祭祀土神、五谷神,按其季节称为春社与秋社。《荆楚岁时记》载:"四邻并结宗会社,宰牲牢,为屋于树下,先祭祀,然后享其胙。"旧时二十五家合为一社,聚土为坛,上面种树,作为向神祭祀祈祷的地方。春季祭祀祈求五谷丰登,其时间周代用甲日,汉以后,一般用戊日,以立春后第五个戊日,又称作中和节。春社有饮中和酒、宜春酒的习俗,说是可以医治耳疾,因而人们又称之为"治聋酒"。秋天则是报答神的恩典,由于神的赏赐,人们获得丰收。春秋二社又简称"春祈秋报"。

寒　食①

韩　翃②

春城无处不飞花,寒食东风御柳斜③。
日暮汉宫传蜡烛④,轻烟散入五侯家⑤。

【注释】

①这首诗用白描的手法,含蓄而韵味深厚的语言,描绘出京城落花纷飞、杨柳弄姿的暮春景色以及寒食皇宫赐火五侯的情形,是一

幅京城寒食风俗图。也有人认为诗人是借寒食内庭赐火讽刺当时宦官专权。

②韩翃（hóng）：字君平，南阳（今属河南）人，唐代诗人，是“大历十才子”之一。天宝十三载（754）考中进士，宝应年间在淄青节度使侯希逸幕府中任从事。建中年间，因作《寒食》诗被唐德宗所赏识，除驾部郎中、知制诰，擢中书舍人。韩翃诗笔法轻巧，写景别致，在当时传诵很广。在“大历十才子”中，韩翃的创作成就最大，高仲武《中兴间气集》云：“韩员外诗，匠意近于史，兴致繁富，一篇一咏，朝士珍之。”

③御柳：御苑中的柳树。

④传蜡烛：寒食夜，朝廷特赐火侯家，以示恩宠。

⑤五侯：汉成帝、桓帝都曾封勋戚功臣五人为侯，世称五侯，后泛指权贵。

江南春①

杜　牧

千里莺啼绿映红②，水村山郭酒旗风③。
南朝四百八十寺④，多少楼台烟雨中⑤。

【注释】

①这首诗以概括洗练的笔法描绘江南春色、春声与建筑，写出了辽阔江南春景的丰富多彩与深邃迷离，表现了对江南美景的赞美与热爱。也有人认为此诗借楼台虽在而南朝已亡讽刺唐代佞佛政策。

②绿映红：绿叶映衬着红花。

③水村：水乡。山郭：依山建的外城，古代内城为城，外城称郭。酒旗：悬挂于酒店门口，招揽酒客的招牌，又称酒望子、酒帘、青旗、锦旆等。

④南朝：公元420—589年先后建都建康（今江苏南京）的宋、齐、梁、陈四个封建王朝的总称。南朝君臣好佛，广置寺院，据说有五百余所，此处四百八十举其约数，并非实指。

⑤楼台：寺院佛殿建筑。烟雨：蒙蒙细雨。

上高侍郎①

高　蟾②

天上碧桃和露种③，日边红杏倚云栽。
芙蓉生在秋江上④，不向东风怨未开。

【注释】

①诗作于唐僖宗乾符二年（875），此篇题目一作《下第后上永崇高侍郎》，次年诗人中第。诗是落第后所作，通篇比喻，用天上碧桃、日边红杏比喻进士及第者，以秋江芙蓉自比，表达了孤高的人品与自信，充满了逆境中的不屈与奋进精神。高侍郎：此处指高骈。侍郎，官名，汉代本为宫廷近侍，东汉以后为尚书属官。自唐以后，与尚书同为各部堂官。

②高蟾（chán）：河朔（指黄河以北地区）人，出身贫寒，乾符三年（876）登进士第。乾宁间，为御史中丞。工诗，《唐才子传》说他"诗体则气势雄伟，态度谐远，如狂风暴雨之来，物物竦动，深造理窟"。《全唐诗》存其诗一卷，《全唐诗续拾》补诗二首。

③碧桃：传说中的仙桃。此诗的碧桃与红杏都比喻借皇家威势而显贵的小人。

④芙蓉：荷花，此处为诗人自比，流露出不依权贵的志向。

绝 句①

僧志南②

古木阴中系短篷③，杖藜扶我过桥东④。
沾衣欲湿杏花雨，吹面不寒杨柳风⑤。

【注释】

①诗用清新明丽的语言写春风、春花及春游感受，意境明快，节奏鲜明，不提春字而春意盎然，不言喜悦而喜悦之情跃然纸上，是歌咏春天的佳作。

②志南：南宋诗僧，志南是他的法号，生平事迹不详。《娱书堂诗话》卷上载："僧志南能诗，朱文公（朱熹）尝跋其卷云：'南诗清丽有余，格力闲暇，无蔬笋气。如云："沾衣欲湿杏花雨，吹面不寒杨柳风。"予深爱之。'"

③短篷：小船。小船上有短篷，所以称小船为短篷，是借代的修辞方法。

④杖藜（lí）扶我：即"我扶杖藜"。杖藜，藜杖。藜，一种藤类植物。扶，助。

⑤"沾衣"以下两句：为倒装句式，即杏花雨沾衣欲湿，杨柳风吹面不寒。杏花雨，杏花开放时节下的雨，即春雨。杨柳风，杨柳发芽时吹的风，即春风。

游园不值①

叶绍翁②

应怜屐齿印苍苔③，小扣柴扉久不开④。
春色满园关不住⑤，一枝红杏出墙来⑥。

【注释】

①诗题一作《游小园不值》。这是一首富于哲理的绝句，诗人将游园未逢主人的懊恼心情化为对红杏、春色的礼赞，反映了春天万物复苏的勃勃生机，形象地说明了新生的、美好的事物是无法阻挡的。不值：没有遇见人，这里指没有进入花园。值，面对、遇到。

②叶绍翁：南宋中期诗人。字嗣宗，号靖逸，祖籍建安（今福建建瓯），据《四朝闻见录》曾自署龙泉（今属浙江）人，本姓李，祖父李颖士于宋政和五年（1115）中进士，曾任处州刑曹，后知余姚。建炎三年（1129），颖士抗金有功，升为大理寺丞、刑部郎中，后因赵鼎党事，被贬。叶绍翁因祖父关系受累，家业中衰，少时即给龙泉叶姓为子。从叶适学，与真德秀、葛天民交甚密。光宗至宁宗期间，叶绍翁曾在朝廷做过小官，后弃官居西湖。工诗，尤擅七言绝句，属江湖派，但意境高远，用语新警，非一般江湖派诗人之作可比。有《四朝闻见录》五卷，杂叙南渡以后宋高宗、孝宗、光宗、宁宗四朝朝野轶事，可补史传之不足，颇有价值。诗多散佚，有《靖逸小集》。

③怜：爱惜、怜惜。屐（jī）：一种底下有齿的木鞋，此处借代指鞋。

谢灵运喜着木屐登山，上山去屐前齿，下山去后齿，称谢公屐。苍苔：青苔。

④小扣：轻轻地敲。扣，敲。柴扉(fēi)：柴门。

⑤春色满园关不住：即“满园春色关不住”，是为了押韵的需要。

⑥一枝红杏出墙来：唐吴融《途中见杏花》：“一枝红杏出墙头，墙外行人正独愁。”《杏花》：“独照影时临水畔，最含情处出墙头。”叶绍翁就是化用前人诗句，同时赋予“春色满园关不住”的含义，意象也就更为醒豁，含义更加丰富。

客中行①

李　白

兰陵美酒郁金香②，玉碗盛来琥珀光③。
但使主人能醉客④，不知何处是他乡⑤。

【注释】

①诗题一作《客中作》。诗作于唐玄宗开元二十八年(740)，李白移家东鲁，初游鲁地。前两句极力写酒的名贵与色泽，后两句写只要主人能殷勤待客，就没有客居他乡的羁旅之思，抒发了诗人的豪情逸兴，表现了诗人豪放不羁的个性。也有人认为李白以豪语抒悲怀，暗寓祈求得到求才用贤的主人的重用，以实现远大抱负。客中行：旅居他乡所作的诗歌。

②兰陵：地名，今山东枣庄，据传因附近土陵兰草繁茂、兰花芳香而得名。战国时，楚国始设立兰陵县，唐代以产酒闻名。郁金香：一种珍贵的植物，古人用以泡酒，泡后酒带金黄色。

③琥珀：一种树脂化石，黄色或深褐色，晶莹透明，富有光彩，这里用来形容酒色色泽鲜亮。

④但：只要。

⑤他乡：异乡，外乡。

题　屏①

刘季孙②

呢喃燕子语梁间③，底事来惊梦里闲④。
说与旁人浑不解⑤，杖藜携酒看芝山⑥。

【注释】

①诗题一作《题饶州酒务厅屏》，是作者在饶州监督酒务时在官厅屏风上题写的。诗以幽默而轻松明快的笔调写燕子惊醒睡梦，于是杖藜携酒游赏芝山，抒发了寄情山水的闲适心情。饶州：今江西鄱阳。据叶梦得《石林诗话》卷三载，刘季孙当时以右班殿置监管饶州酒务，王安石从宪江到饶州视察，在官厅墙上看到这首《题屏》诗，大为称赏，立刻召见刘季孙。两人聊了好久，最后王安石登车而去，竟然忘了问酒务事。

②刘季孙（1033—1092）：字景文，祥符（今河南开封）人。《石林诗话》云："刘季孙，平之子，能作七字偶句，家藏书数千卷，善用事，《送孔宗翰知扬州》有两偶句云：'诗书鲁国真男子，鼓吹扬州作贵人。'多称其精当。孔每以此十四字悬诸楹。为杭州钤辖，子瞻作守，深知之，尝以诗寄子瞻云：'四海共知霜雾满，重阳曾插菊花无。'子瞻大喜。《在颍州和季孙》诗所谓：'一篇向人露肝

胆，四海知我雪鬓须。’盖记此也。此二偶亦堪作巧对，‘露、雪’二字尤妙。”哲宗元祐中以左藏库副使为两浙兵马都监。因苏轼荐知隰州，仕至文思副使。博通史传，性好异书古文石刻，精于鉴赏。

③呢喃（ní nán）：燕子低鸣声。

④底事：何事，为什么。

⑤浑：全然。

⑥芝山：在今江西鄱阳北，初名土素山，据传唐代刺史薛振曾在山上拾得灵芝仙草，因而改名芝山。

漫　兴[①]

杜　甫

肠断春江欲尽头[②]，杖藜徐步立芳洲[③]。
颠狂柳絮随风舞，轻薄桃花逐水流[④]。

【注释】

①杜甫有《绝句漫兴九首》，这是其中的第五首。作于唐肃宗上元二年（761），当时杜甫正寓居成都草堂。此诗写诗人本为春日游赏散心，然而所见却是春景狼藉，无非是残柳落花，抒发了诗人对国计民生的忧虑。漫兴：即兴而作，兴之所至随意写成。

②肠断：形容极度伤心。据传桓温伐蜀，军士取一猿，母猿随之沿江而啼。温不忍，欲还幼猿，军士不肯，母猿声竭力尽而死，取而剖之，其肠寸断。后人便形容悲伤过度为肠断或断肠。

③藜（lí）：藜杖。徐步：缓行，漫步。芳洲：长满花草的水中陆地。

④“颠狂”以下两句：用拟人的修辞手法描绘柳絮、桃花的动态。颠狂，放荡不羁，指柳絮上下翻飞。轻薄，轻浮。

庆全庵桃花①

谢枋得②

寻得桃源好避秦③，桃红又是一年春。
花飞莫遣随流水④，怕有渔郎来问津⑤。

【注释】

①宋亡后诗人隐居福建建阳，给自己住所起名庆全庵。诗借物咏志，将自己居所比作桃花源，通过描写不希望桃花为外人所知，表达了诗人不仕新朝的决心。

②谢枋（fāng）得（1226—1289）：字君直，号叠山，信州弋阳（今江西弋阳）人。自幼博闻强记，目观五行俱下，过目不忘。宝祐四年（1256），与文天祥同科中进士，五年，任建康（今江苏南京）考官。他对当时宋理宗赵昀的宠妃贾妃之弟、奸臣贾似道极为不满，曾指责贾似道，被贬至兴国军（今湖北阳新），直到咸淳三年（1267）才获赦而归。德祐二年（1276）知信州。正月，信州失守后，他改名换姓，隐遁于福建建宁唐石山，身穿素服以志国耻之哀。南宋覆亡后，谢枋得一直流寓建阳，以卖卜教书度日，他以孤芳自赏的梅花自勉，直至北上绝食而死。

③桃源：桃花源的简称。陶渊明《桃花源记》塑造了一个没有剥削、没有压迫的理想世界桃花源。据说晋代渔人王道真，沿溪捕鱼，忽逢桃花林，其源头得一洞口，入洞见一世外天堂，居民们说他

们祖先避秦时战乱，来到这里，遂与外界隔绝，不知道汉魏朝代。并嘱托不要告诉他人。王道真归后告诉太守，太守使人原路寻找，竟然找不到了。

④莫遣：莫使，不要让。

⑤问津：询问路口，寻访。津，本指渡口，此指道路。

玄都观桃花[1]

刘禹锡[2]

紫陌红尘拂面来[3]，无人不道看花回[4]。
玄都观里桃千树，尽是刘郎去后栽[5]。

【注释】

①原题作《元和十年自朗州召至京戏赠看花诸君子》，作于元和十年（815）春，柳宗元、刘禹锡、韩泰等一起被召回京师。这是首政治讽刺诗，借春日玄都观桃花的繁盛艳丽和游人如织，影射贤良被逐，奸邪得势，抒发了诗人对朝廷新贵的讽刺与蔑视之情。玄都观：唐代一道观，在今西安南门外。

②刘禹锡（772—842）：唐代文学家、哲学家，字梦得。洛阳（今属河南）人，自称为汉代中山靖王刘胜后人。贞元九年（793）登进士第，接着又登宏词科。贞元二十一年（805）一月，顺宗即位，任用王伾、王叔文等人推行一系列改革弊政的措施。刘禹锡与王叔文、王伾、柳宗元同为政治革新的核心人物，称为“二王刘柳”。九月，革新失败，王叔文被赐死，王伾遭贬逐。刘禹锡初贬为连州（今广东连州）刺史，行至江陵，再贬朗州（今湖南常德）

司马。同时被贬的还有韦执谊、韩泰、陈谏、柳宗元、韩晔、凌准、程异，史称“八司马”。刘禹锡的诗高亢激昂、意气纵横，语言刚健，笔锋犀利。晚年与白居易酬唱颇多。善于学习民歌，含思宛转，语调清新，有浓郁的生活气息。有《刘宾客文集》，又称《刘中山集》、《刘梦得集》。

③紫陌：长安街道。红尘：街道上人行马驰扬起的尘土。

④道：说。

⑤尽是刘郎去后栽：暗指新贵们都是在王叔文变法失败后攀附当权者而得势的。刘郎，诗人自称。

再游玄都观①

刘禹锡

百亩庭中半是苔②，桃花净尽菜花开。
种桃道士归何处③，前度刘郎今又来④。

【注释】

①诗作于唐文宗太和二年（828）三月，仍以桃花为喻，通过玄都观桃花的命运，写当初得位权势今日已经一败涂地，销声匿迹，显示了自己的不屈与乐观。刘禹锡《游玄都观诗序》曰：“予贞元二十一年为尚书屯田员外郎，时此观中未有花木。是岁出牧连州，寻贬朗州司马。居十年，召还京师，人人皆言有道士手植红桃满观，如烁晨霞，遂有诗以志一时之事。旋又出牧，于今十有四年，得为主客郎中。重游兹观，荡然无复一树，唯兔葵燕麦动摇于春风，因再题二十八字，以俟后游。”

②庭中:《刘禹锡集》卷二四作“中庭”。庭,庭院。苔:苔藓。
③种桃道士:喻当年竭力培植党羽而打击王叔文变法的执政者。
④前度刘郎:自指。度,次。

滁州西涧[1]

韦应物[2]

独怜幽草涧边生[3],上有黄鹂深树鸣[4]。
春潮带雨晚来急。野渡无人舟自横[5]。

【注释】

①诗作于唐德宗建中、兴元年间(782—785)。唐德宗建中三年(782)韦应物出为滁州刺史,兴元元年(784)冬罢滁州刺史,寓居滁州西涧,贞元元年(785)春夏闲居滁州,秋改官为江州刺史。诗描写滁州西涧的幽草、黄鹂、春雨、春潮、野渡等优美的自然风光,有声有色,有动态,有静景,幽静而富有生趣,写出了诗人素爱幽静的审美情趣,流露出恬淡的心境和忧伤的情怀。也有人认为诗抒发了对宦海浮沉的厌倦以及归隐的心情。滁(chú)州:地名,今安徽滁州。西涧:在滁州城西,俗名上马河。

②韦应物(737—792或793):唐代诗人,京兆长安(今陕西西安)人。出身关中望族,自天宝十载(751)至天宝末,以三卫郎为玄宗近侍,常出入宫闱,扈从游幸。安史乱起,玄宗奔蜀,他流落失职,始立志读书。建中二年(781)擢比部员外郎,在长安与畅当、刘太真、李儋、吉中孚等相交游。次年出为滁州刺史。贞元元年(785),为江州刺史。贞元四年,入朝为左司郎中。次年出为苏

州刺史，与顾况、秦系、孟郊、丘丹、皎然等均有唱酬往来。贞元七年退职，寄居苏州永定寺。世称“韦江州”、“韦左司”或“韦苏州”。有《韦苏州集》、《韦江州集》，《全唐诗》存诗十卷。

③怜：爱。幽草：生长在暗处的草。幽，一作“芳”。生：一作“行”。

④深树：树丛深处。树，一作“处”。

⑤野渡：偏僻无人管理的渡口。

花　影①

谢枋得

重重叠叠上瑶台②，几度呼童扫不开③。
刚被太阳收拾去，却教明月送将来。

【注释】

①这是首咏物诗，描写了花影的日尽甫灭、晚间又来，语言生动活泼，富有情趣；也有人认为是首政治讽刺诗，因为日月在古代是帝王的象征，所以花影比喻帝王身边奸邪小人，借花影的难以除去比喻小人得势。

②瑶台：神话传说中的仙家住地，晋王嘉《拾遗记·昆仑山》：“傍有瑶台十二，各广千步，皆五色玉为台基。”这里指院落中清幽的亭台。

③几度：几次。扫不开：扫不去，扫不掉。

北　山[①]

王安石

北山输绿涨横陂[②]，直堑回塘滟滟时[③]。
细数落花因坐久[④]，缓寻芳草得归迟。

【注释】

①诗作于宋神宗熙宁十一年（1078）至元丰七年（1084）间，王安石晚年隐居金陵钟山时。诗描写绿满北山、绿波滟滟的优美景色和诗人细数落花、缓寻芳草的雅致，抒发了诗人隐居半山、寄情山水的闲适之情。

②北山：钟山，又名蒋山，即今南京紫金山。王安石晚年筑室于山腰，号半山。输：输送，这里是蔓延的意思，拟人手法。陂（bēi）：池塘，水边。

③堑（qiàn）：壕沟。回塘：曲折的池塘。滟滟（yàn）：波光动荡的样子。王维《从岐王过杨氏别业过教》："兴阑啼鸟缓，坐久落花多。"

④数（shǔ）：查点。因：因为，这里作"于是"解。

湖　上[①]

徐元杰[②]

花开红树乱莺啼[③]，草长平湖白鹭飞[④]。
风日晴和人意好[⑤]，夕阳箫鼓几船归[⑥]。

【注释】

①诗前两句以艳丽之笔写春日西湖美景，到处是鸟语花香，芳草萋萋，碧波荡漾，色彩缤纷，后两句写游兴浓郁，描绘出一幅西湖春景图。湖：这里指西湖。

②徐元杰（1196—1246）：字伯仁，号梅野，信州上饶（今江西上饶）八都黄塘人，学者称天庸先生。南宋理宗绍定五年（1232）状元，签书镇东军节度判官厅公事。淳祐元年（1241），差知南剑州（今福建南平）。在任期间，重视教育，亲到延平书院为诸生演讲。累官至太常少卿，兼给事中国子祭酒，擢中书舍人。淳祐五年六月徐元杰指爪忽裂，暴疾而亡。赠工部侍郎，谥忠愍。三学诸生，伏阙请愿，指系奸人毒害，御旨交大理寺审理，事竟不白。著有《梅野集》十二卷。

③红树：红花满树。乱莺啼：嘈杂的莺啼声，西湖十景有“柳浪闻莺”一景。

④平湖：平静的湖面。白鹭（lù）：一种水鸟。

⑤风日晴和：风和日丽。风日，一作“风物”。人意：心情。

⑥箫（xiāo）鼓：都是乐器，这里借指管弦之乐。

漫　兴①

杜　甫

糁径杨花铺白毡②，点溪荷叶叠青钱③。

笋根雉子无人见④，沙上凫雏傍母眠⑤。

【注释】

①作于唐肃宗上元二年（761）初夏成都草堂，是杜甫《绝句漫兴九首》的第七首。诗用对偶的手法，细腻而传神地描写了初夏郊野的杨花、幼荷、笋根、雉子与凫雏，意境优美温馨，抒发了诗人的闲适之情。

②糁（sǎn）径：散乱地落满细碎杨花的小路；糁，原意为饭粒，这里引申为散落、散布。毡（zhān）：毡子，一种用羊毛或其他动物毛缩制而成的毯子似的物件。

③青钱：古代的一种青铜钱，这里比喻出生的荷叶点缀在小溪上，像重叠的青钱。

④雉（zhì）子：小野鸡；一作"稚子"，指嫩笋芽。

⑤凫雏（fú chú）：小野鸭。

春　晴①

王　驾

雨前初见花间蕊②，雨后全无叶底花。
蜂蝶纷纷过墙去，却疑春色在邻家③。

【注释】

①诗题一作《晴景》，又作《雨晴》。这是首即兴之作，运用拟人的手法，捕捉雨前雨后风景的不同，写春色易逝，表达了诗人惜春之情，用语巧妙，构思别致。

②蕊（ruǐ）：花苞，花心。

③疑：疑心。

春 暮[1]

曹 豳[2]

门外无人问落花，绿阴冉冉遍天涯[3]。
林莺啼到无声处[4]，青草池塘独听蛙[5]。

【注释】

①诗用白描手法紧扣暮春时节节令变化进行描摹，写落花已尽，绿荫渐浓，林莺声歇，青蛙登场，绘景摹声，清新明快，毫无萧瑟哀怨。

②曹豳（bīn，1170—1250）：字西士，一字潜夫，号东畎，瑞安（今属浙江）人。宋宁宗嘉泰二年（1202）进士，调靖安簿。累迁秘书丞兼仓部郎官、浙东提刑、知福州府兼福建安抚使。有《玉泉集》，已佚。

③绿阴：绿树浓荫。冉冉（rǎn）：通“苒苒”，草木茂盛的样子。天涯：天边，指广阔大地。

④处：时候。

⑤独：只。

落 花[1]

朱淑贞[2]

连理枝头花正开[3]，妒花风雨便相催[4]。
愿教青帝常为主[5]，莫遣纷纷点翠苔[6]。

【注释】

①诗题一作《惜春》。诗以沉痛之笔通过比喻象征，写风雨催花甫开即落，寄语青帝留得花常在，表现了惜春之情和对美好幸福生活的向往。

②朱淑贞：又作朱淑真，宋代女作家，号幽栖居士，钱塘（今浙江杭州）人。明田汝成《西湖游览志》云："淑真钱塘人，幼警惠，善读书，工诗，风流蕴藉。早年，父母无识，嫁市井民家。淑真抑郁不得志，抱恚而死。父母复以佛法并其平生著作荼毗之。临安王唐佐为之立传。宛陵魏端礼辑其诗词，名曰《断肠集》。"魏端礼序末署淳熙九年（1182），称朱淑贞词"清新婉丽，蓄思含情，能道人意中事"。诗集《断肠集》，词有《断肠词》。

③连理枝：两棵树枝条连在一起生长，常用来比喻恩爱夫妻。

④妒（dù）：嫉妒。催：催促，这里指风雨催促花儿凋谢。

⑤青帝：我国古代神话中的五天帝之一，是位于东方的司春之神，又称苍帝、木帝。《史记·封禅书》："秦宣公作密畤于渭南，祭青帝。"唐黄巢《题菊花》诗："他年我若为青帝，报与桃花一处开。"常为主：《断肠诗词集》作"长为主"。

⑥莫遣：不要让。点：点缀。翠苔：绿色的苔藓。

春暮游小园①

王　淇②

一从梅粉褪残妆③，涂抹新红上海棠④。
开到荼蘼花事了⑤，丝丝天棘出莓墙⑥。

【注释】

①诗写春暮小园景色，以花开放顺序，直写到花事谢，描绘出春景的变化。同时，所选花色变化由浅入深，由红至白，由白转绿，写出春色变化，表达了惜春之情和韶华易逝的感慨。

②王淇（qí）：字菉猗，与谢枋得有交，谢尝代其女作《荐父青词》（《叠山集》卷一二），生平事迹不详。

③一从：自从。褪（tuì）残妆：拟人手法，指梅花凋谢。

④涂抹新红：拟人手法，指海棠盛开。

⑤荼蘼（tú mí）：一作“酴醾”，花名。花事了：春天的花都开完了。

⑥天棘（jí）：即天门冬，百合科草本植物。莓（méi）墙：有苔藓生长的墙，或可解作旁边种有木莓的墙。

莺　梭[①]

刘克庄[②]

掷柳迁乔太有情[③]，交交时作弄机声[④]。
洛阳三月花如锦[⑤]，多少工夫织得成。

【注释】

①诗用比喻、拟人的手法，写黄莺在绿柳中穿行不息，织就了锦绣山河，用语活泼，设喻新奇，意境优美，表达了对大自然造化的由衷赞叹和对春光的热爱。莺梭：黄莺往来如穿梭，形容其轻巧敏捷。

②刘克庄（1187—1269）：南宋诗人、词人、诗论家。字潜夫，号后村，莆田（今属福建）人。初名灼，师事真德秀。宁宗嘉定二年

（1209）补将仕郎，调靖安簿，始改今名。理宗端平六年（1246），赐同进士出身，秘书少监，兼国史院编修、实录院检讨官。景定三年（1262）授权工部尚书，升兼侍读。五年（1264）因眼疾离职。度宗咸淳四年（1268）特授龙图阁学士。晚年趋奉贾似道。刘克庄是江湖派中最出色的诗人之一，宋末刘辰翁和方回对他的批评最中肯。刘辰翁说："刘后村仿《初学记》，骈俪为书，左旋右抽，用之不尽，至五七言名对亦出于此，然终身不敢离尺寸，欲古诗少许自献，如不可得。"刘克庄现存诗四千余首，著作有《后村先生大全集》，词集有《后村别调》及《后村长短句》传世。

③掷柳：抛柳，指黄莺从柳树上飞下。迁乔：迁居，这里是说黄莺飞行，未必是迁居。《诗经·小雅·伐木》："出自幽谷，迁于乔木。"后称人移居说乔迁。

④交交：鸟鸣声。弄机：织布。

⑤锦：有彩色花纹的丝织品。

暮春即事①

叶　采②

双双瓦雀行书案③，点点杨花入砚池④。
闲坐小窗读《周易》⑤，不知春去几多时。

【注释】

①以人的活动为中心，写专心读《周易》，只有雀影移到案头、落花沉入砚中才恍然发现时节已是春暮，表现了不关心外事的闲适。

②叶采：字仲圭，号平岩，建阳（今属福建）人。理宗淳祐元年

（1241）进士。累官翰林学士兼侍讲。景定初卒。

③瓦雀：屋顶瓦上的麻雀，这里指麻雀的影子。书案：书桌。

④砚（yàn）池：砚台。

⑤《周易》：即《易经》，是我国古代的儒家经典著作之一。

登　山[1]

李　涉[2]

终日昏昏醉梦间，忽闻春尽强登山[3]。
因过竹院逢僧话，又得浮生半日闲[4]。

【注释】

①诗题一作《题鹤林寺僧院》，鹤林寺，故址在今江苏镇江。前两句写整日醉生梦死，毫无乐趣，只是听说春天快要结束了才想起登山；后两句写与僧人聊天，才得到半日闲适，表现了诗人不得志情况下的无奈与烦闷。

②李涉（shè）：自号清谿子，洛阳（今属河南）人。他曾和弟弟李渤隐居庐山，后应辟作幕僚。唐文宗大和中，因宰相推荐，任太学博士，因故流放康州（治所在今广东德庆）。李涉现存诗一百余首，大多数是七言绝句。他关心国事，写诗抨击权贵说："但将钟鼓悦私爱，肯以犬戎为国忧？"（《六叹》）由于一再遭受贬谪，常有不平之鸣。集二卷，《全唐诗》录存其诗一卷。《全唐诗外编》及《全唐诗续拾》补诗四首、断句二。

③强（qiǎng）：勉强。

④浮生：《庄子·刻意》："其生若浮，其死若休。"以人生在世，虚浮

不定，因称人生为“浮生”。南朝宋鲍照《答客》：“浮生急驰电，物道险弦丝。”

蚕妇吟[1]

谢枋得

子规啼彻四更时[2]，起视蚕稠怕叶稀[3]。
不信楼头杨柳月[4]，玉人歌舞未曾归[5]。

【注释】

①诗用质朴的语言、对比的手法，通过蚕妇夜半起床劳作的艰辛和歌儿舞女的通宵不寐，讽刺了社会不公正，表达了对劳动者的同情和对耽于淫乐者的不满。吟：古代诗歌体裁的一种。

②子规：即杜鹃，又称杜宇、望帝。啼彻：不断地啼叫。四更：古时一夜分为五更，四更时天尚未明。

③起：起床。

④杨柳月：月亮西沉至杨柳树梢。

⑤玉人：容貌美丽的人。后多用以称美丽的女子。唐元稹《莺莺传》：“隔墙花影动，疑是玉人来。”这里指歌女舞伎。

晚　春[1]

韩　愈

草木知春不久归[2]，百般红紫斗芳菲[3]。
杨花榆荚无才思[4]，惟解漫天作雪飞[5]。

【注释】

①诗约作于唐宪宗元和十一年（816）前后，是《游城南》十六首之三。诗写暮春景象，以拟人手法，生动形象地写出草木知道春天将要远去，争艳斗奇，而杨花、榆荚因乏文采，只好漫天飞舞，赋予晚春以灵性，同时寓有珍惜年华的含义。

②归：回归，春色将尽。

③百般：各种各样或千方百计。斗芳菲（fēi）：竞艳吐芳，争相开放。

④榆荚（yú jiá）：榆钱，老呈白色，状如古钱。

⑤惟解：只知道。

伤　春①

杨万里②

准拟今春乐事浓③，依然枉却一东风④。
年年不带看花眼，不是愁中即病中⑤。

【注释】

①诗题一作《晓登万花川谷看海棠》，原诗二首，此为第二首。前两句写今春赏春乐事落空，后两句进一步发出感慨，说年年如此，抒发因病不能赏春的失意，虽然通篇议论而读来不觉枯燥。伤春：为春天将逝而伤感。

②杨万里（1127—1206）：字廷秀，号诚斋。吉州吉水（今属江西）人。南宋杰出的诗人。绍兴二十四年（1154）中进士。授赣州司户，历任太常丞、广东提点刑狱、枢密院检详官兼太子侍读，官终宝谟阁文士，谥“文节”。以诗著名，与尤袤、范成大、陆游并称

"中兴四大诗人",当时被奉为诗坛宗主。其诗生动活泼、幽默诙谐,被称为"诚斋体"。有《诚斋集》一百三十三卷。

③准拟:料想,本以为。浓:多,深。

④枉(wǎng)却:白白地辜负。东风:春风。

⑤即:就是。

送　春①

王　令②

三月残花落更开③,小檐日日燕飞来④。

子规夜半犹啼血⑤,不信东风唤不回⑥。

【注释】

①诗通过残花落后又开、燕子日日飞来,将暮春景色写得富有生机,而杜鹃唤春更写出了诗人对春天的执着,惜春之情跃然纸上。

②王令(1032—1059):江都人,初字钟美,后改字逢源,原籍元城(今河北大名),一生孤愤。西昆体浮靡之音盛行诗坛之时,其以造语精辟,笔意纵横、气格雄壮的特色为扫荡西昆陋习作出了贡献。有《广陵先生文集》。

③更:又。

④檐(yán):屋檐。

⑤子规:杜鹃,相传古蜀国国王杜宇亡国,化为杜鹃,自春至夏啼叫不已,声音凄苦,以至于口中泣血,所以说啼血。

⑥不信:不相信。东风:春风,春光。

三月晦日送春①

贾　岛②

三月正当三十日③，风光别我苦吟身④。
共君今夜不须睡⑤，未到晓钟犹是春⑥。

【注释】

①诗题一作《三月晦（huì）日赠刘评事》。诗用拟人的手法写春的告别和诗人的守夜相送，突出了春光的宝贵，表现了眷恋春光、珍惜韶华的情怀。构思新颖，格调明快。三月晦日：就是农历三月三十日。晦日，农历每月的最后一天。

②贾岛（779—843）：唐代诗人，字浪仙。范阳（今北京附近）人。早年出家为僧，号无本。元和五年（810）冬，至长安。次年春，至洛阳，始谒韩愈，以诗深得赏识。文宗时，贬长江（今四川蓬溪）主簿。开成五年（840），迁普州司仓参军。武宗会昌三年（843），在普州去世。贾岛在韩门，常从张籍、孟郊游。又与马戴、姚合为诗友，往来酬唱甚密。他擅长五律，苦吟成癖，自谓"一日不作诗，心源如废井"（《戏赠友人》）。元辛文房《唐才子传》卷五载贾岛："每至除夕，必取一岁所作置几上，焚香再拜，酹酒祝曰：'此吾终年苦心也。'"其诗造语奇特，常写荒寒冷落之景，表现愁苦幽独之情。有《长江集》十卷。

③正当：正值。

④风光：春光。别：远离。苦吟：作诗竭尽全力，贾岛为苦吟的诗人，有诗句"二句三年得，一吟双泪流"为证。唐代苦吟的诗人很

多，据说王维苦吟到走入醋瓮中，卢延让有“吟安一个字，拈断数茎须”的诗句。

⑤共君：同您，与春天一起，拟人的手法。

⑥晓钟：报晓的钟声，古代以敲钟报时。

客中初夏[1]

司马光[2]

四月清和雨乍晴[3]，南山当户转分明[4]。
更无柳絮因风起，惟有葵花向日倾[5]。

【注释】

①诗题一作《居洛初夏作》。诗作于宋神宗熙宁四年（1071）四月，当时司马光客居洛阳，编撰《资治通鉴》。这是一首夏日即景之作，诗人抓住初夏特有的天气特征和景物，远景近景相结合，虚景实景相衬托，形象鲜明，境界恬静，描绘出一幅清新明快的夏日小景。也有人认为诗人以葵花作喻，抒发对皇帝忠贞不渝的感情。客中：作客他乡。

②司马光（1019—1086）：北宋杰出的史学家和散文家，字君实，陕州夏县涑水乡（今山西运城安邑镇东北）人，世称“涑水先生”。学识渊博，音乐、律历、天文、术数皆极其妙。仁宗宝元初二十岁中进士，曾任谏议大夫，神宗熙宁初拜翰林学士、御史中丞。宋神宗熙宁二年（1069），王安石实行变法，司马光竭力反对。熙宁四年（1071）退居洛阳，元丰五年（1082），曾任宰相的文彦博（潞国公）、富弼（韩国公）等人也因反对王安石新法居住洛阳。他们

组织了一个在野集团“耆英会”，经常宴饮聚会。司马光退居洛阳十五年，专门从事《资治通鉴》的编撰。直到元丰八年（1085）宋哲宗即位，受召到京城任尚书左仆射，上任后立即废除新法，数月后，卒。追赠太师，温国公，谥文正。著作收在《司马文正公集》中。

③清和：天气晴朗暖和。乍（zhà）：初。

④当户：对着门户。转分明：雨中南山模糊不清，天气转晴则清晰可见。

⑤倾：倾斜。

有　约①

赵师秀②

黄梅时节家家雨③，青草池塘处处蛙。
有约不来过夜半，闲敲棋子落灯花④。

【注释】

①诗题一作《约客》。诗通过描写观灯花坠落与闲敲棋子，写夏天深夜等待客人到来的怅然、枯寂与落寞；而此时的雨声、蛙鸣似乎更加重了诗人的烦闷情绪。

②赵师秀（1170—1220）：字紫芝，又字灵秀，亦称灵芝，号天乐，永嘉（今浙江温州）人，宋太祖八世孙。绍熙元年（1190）进士及第，曾做过上元（今江苏江宁）主簿、筠州（今江西高安）推官，并不得志，晚年寓居钱塘。赵师秀与翁卷、徐照、徐玑号为“永嘉四灵”。诗风清瘦野逸，有《清苑斋诗集》。

③黄梅时节：春末夏初梅子成熟时节。家家雨：天天下雨，人们多闭门不出。

④“有约”以下两句：友人因风雨所阻未能赴约，诗人毫无情绪地闷坐在灯下，无聊地敲着棋子，把灯花也震落了。

闲居初夏午睡起①

杨万里

梅子留酸软齿牙②，芭蕉分绿与窗纱③。
日长睡起无情思④，闲看儿童捉柳花⑤。

【注释】

①诗题一作《初夏睡起》。绍兴三十二年（1162），孝宗即位，张浚重新起用，杨万里被荐为临安教授，以父丧未能赴任。诗作于诗人赋闲丁父忧期间。诗描绘初夏午睡醒来后闲观儿童捕捉柳花的情状，形象地写出梅子给人的感受，抒写了赋闲在家的闲愁，委婉含蓄地表达了英雄无用武之地的苦闷。

②留酸：带酸；留，一作“流”。软：一作“溅”。

③芭蕉分绿与窗纱：写芭蕉的绿荫映照在窗户上，使纱窗也多了些绿色。与：一作“上”，一作“映”。

④长：一作“高”。无情思：无心绪。

⑤柳花：柳絮。

三衢道中[①]

曾　几[②]

梅子黄时日日晴[③]，小溪泛尽却山行[④]。
绿阴不减来时路，添得黄鹂四五声。

【注释】

①这是首记游诗，首句写梅子时节本来多雨，而此时却又难得的晴天，所以能尽情游赏，次句借写游踪写尽兴之乐，后两句写返途兴味不减，抒写了愉悦的心情。三衢：山名，在今浙江衢州境内。

②曾几（1084—1166）：字吉甫、志甫，自号茶山居士，祖籍赣州（今属江西），先人徙河南县（今河南洛阳），遂为河南人。早年从学于舅氏孔平仲、孔武仲，入太学，有名声。北宋末曾任秘书省校书郎、提举淮南东路茶盐公事等职。曾客寓上饶茶山七年，因号“茶山居士”。绍兴二十五年（1155）秦桧死，重新起用为浙西提刑，迁秘书少监，擢尚书礼部侍郎。孝宗朝以通奉大夫致仕。卒谥文清。曾几一生“积学洁行，风节凛凛”，其近体诗轻快清新，饶有情趣，南宋赵庚夫《读曾文清公集》说：“新如月出初三夜，淡比汤煎第一泉。”有《茶山集》。

③梅子黄时：梅子熟时江南多雨，称为梅雨季节，而此时却天天晴，最是难得的游赏机会。

④小溪泛尽却山行：坐船到了小溪的尽头，又改走山路，极写游兴浓。

即　景①

朱淑贞

竹摇清影罩幽窗②，两两时禽噪夕阳③。
谢却海棠飞尽絮④，困人天气日初长。

【注释】

①诗题一作《清昼》。诗用工笔细描的手法，通过初夏的景色写夏日日长人困，少妇空房独坐，郁郁寡欢了无情趣的苦闷与忧伤。即景：就眼前之景，有感而作。

②清影：清幽的影子。幽窗：幽静的窗户。

③时禽（qín）：应时的鸟。噪（zào）：吵扰。

④谢却：凋谢。絮（xù）：柳絮。

初夏游张园①

戴复古②

乳鸭池塘水浅深③，熟梅天气半晴阴④。
东园载酒西园醉⑤，摘尽枇杷一树金⑥。

【注释】

①诗题一作《夏日》。诗写江南初夏园林宴饮的酣畅惬意，描绘了

江南梅雨时节的美好景物，表现了江南人民的闲适富足的生活。

②戴复古（1167—1252？）：南宋诗人。字式之，天台黄岩（今浙江黄岩）人。一生不仕，浪游江湖。除四川外，足迹几乎遍及南中国各重要地区。晚年归隐于故乡南塘石屏山下，因自号石屏，约卒于宋理宗淳祐末。戴复古是江湖派著名诗人，生性耿介正直，不逢迎权贵，虽行事谨慎，“广座中口不谈世事”（方回《瀛奎律髓》卷二十），但在诗里却往往热烈地抒发爱国情感，并大胆指斥朝政国事。其词语言清丽，风格豪放，接近苏辛。其中尤以《柳梢青》和《洞仙歌》两首流传最广。戴复古诗词结集有《石屏诗集》、《石屏词》。

③乳鸭：刚孵出的小鸭。

④半晴阴：忽晴忽阴。

⑤东园载酒西园醉：互文见义，说载酒游园，酣畅尽兴。

⑥枇杷（pí pá）：一种常绿植物，蔷薇科，常绿小乔木，果实为淡黄色或桔黄色，味甜美。一树金：一树金黄色的枇杷像金子一样。

鄂州南楼书事①

黄庭坚②

四顾山光接水光③，凭栏十里芰荷香④。
清风明月无人管⑤，并作南来一味凉⑥。

【注释】

①诗题一作《晚楼闲望》。宋徽宗崇宁元年（1102），黄庭坚在太平州（治所在今安徽当涂）作了九天知州，就被贬为管勾洪州（治所

在今江西南昌)玉隆观。最初,他徘徊于江州(治所在今江西九江)一带,后寓居武昌。诗作于崇宁二年(1103)六月鄂州南楼。描写登临远眺之景,写出夏日鄂州的湖光山色、十里荷香,境界阔大,气象不凡,抒发了贬官后寄情山水的闲适,显示了心胸的开阔。也有人认为"清风明月无人管"一句以景物无人管反衬诗人的不自由,隐含着贬官后的牢骚。鄂(è)州:今湖北武昌。书事:纪事。

②黄庭坚(1045—1105):字鲁直,自号山谷道人,晚号涪翁、黔安居士、八桂老人,洪州分宁(今江西修水)人。英宗治平进士。曾任地方官和国史编修官。在元祐党争中,以修《神宗实录》不实罪名被贬。南宋绍兴初年,宋高宗中兴,追封他为直龙图阁士,加太师,谥号文节。黄庭坚为"苏门四学士"之一,其诗宗法杜甫,并有"夺胎换骨"、"点石成金"、"无一字无来处"之论,风格奇硬拗涩。他开创了江西诗派,在两宋诗坛影响很大。词与秦观齐名,少年时多做艳词,晚年词风接近苏轼。有《山谷集》,自选其诗文名《山谷精华录》,词集名《山谷琴趣外篇》(即《山谷词》)。又擅长行、草书,为"宋四家"之一,书迹有《华严疏》、《松风阁诗》及《廉颇蔺相如传》等。

③四顾:四下远望。

④凭栏:倚着栏杆。芰(jì)荷:出水的荷。

⑤清风明月无人管:化用李白《襄阳歌》"清风朗月不用一钱买,玉山自倒非人推"句。管,过问。

⑥并:同,齐。一味凉:一阵清凉。

山亭夏日[1]

高　骈[2]

绿树阴浓夏日长[3]，楼台倒影入池塘。
水晶帘动微风起[4]，满架蔷薇一院香[5]。

【注释】

①诗题原作《山居夏日》。诗以白描的手法，描绘夏日的绿树浓荫、楼台倒影、池塘水波与蔷薇花香，构成一幅色彩鲜明、格调优雅的风景图，表现了寄情山水的闲适。

②高骈（pián，821—887）：字千里，唐末大将、诗人，南平郡王崇文之孙，先世为渤海人，迁居幽州（今北京），世代为禁军将领。高骈曾统兵御党项及吐蕃，又镇安南（今越南），为静海军节度使，整治安南至广州江道，沟通物资运输。广明元年（880），黄巢起义军入西京长安时，朝廷再三征高骈赴国家之难，他欲兼并两浙，割据一方，遂逗留不行。中和二年（882），朝廷罢免其职。光启三年（887），部将毕师铎奉命出屯高邮，联合诸将，返攻扬州。城陷，高骈被囚，不久被杀。有诗一卷。

③浓：树荫很密。

④水晶帘：装饰有水晶的帘子，这里比喻水面，形容微风吹拂水面，波光荡漾，水纹与楼台倒影汇在一起，如同水晶帘在微微摆动。

⑤一院：满院。蔷薇（qiáng wēi）：一种落叶或常绿灌木，蔓生，枝上密生小刺，羽状复叶，花有多种颜色。此处指它的花。

田　家[1]

范成大[2]

昼出耘田夜绩麻[3]，村庄儿女各当家[4]。
童孙未解供耕织[5]，也傍桑阴学种瓜[6]。

【注释】

①宋孝宗淳熙十三年（1186），范成大退居苏州石湖时作《四时田园杂兴》绝句六十首，这是其中一首。诗人用清新的笔调，对农村初夏时的紧张劳动气氛，作了较为细致的描写，歌颂了田家的辛勤劳作。

②范成大（1126—1193）：南宋诗人。字致能，号石湖居士。吴郡（今江苏苏州）人。绍兴二十四年（1154）进士。乾道六年（1170），孝宗令范成大为特使，赴金国改变接纳金国诏书礼仪和索取河南“陵寝”事。范成大相机折冲，维护了宋廷的威信，全节而归，并写成使金日记《揽辔录》和著名的七十二首纪事诗，回朝后以功升任中书舍人并历任权礼部尚书、知贡举兼直学士院等。淳熙十年（1183）因病辞归，时年五十八岁。此后十年隐居在石湖。范成大文学造诣很高，著述甚丰，有《石湖居士诗集》、《石湖词》、《揽辔录》、《骖鸾录》、《吴船录》、《梅谱》、《菊谱》。

③耘（yún）田：除草。绩麻：搓麻线。

④各当家：各顶一行。当家，在行。

⑤童孙：泛指年幼儿童。未解：不知道。供：从事，参加。

⑥傍（bàng）桑阴：在桑树荫下。

村居即事[①]

翁 卷[②]

绿遍山原白满川[③]，子规声里雨如烟[④]。
乡村四月闲人少，才了蚕桑又插田[⑤]。

【注释】

①诗题一作《乡村四月》。诗以景物作衬托，写江南田家四月冒雨耕作的情形，赞颂了农民的辛勤劳作。

②翁卷：字续古，一字灵舒，永嘉乐清（今属浙江）人，南宋诗人。工诗，与徐照（字灵晖）、徐玑（字灵渊）、赵师秀（字灵秀）三人诗名相当，并称"永嘉四灵"。他们的诗风承袭晚唐，选择了晚唐诗人贾岛、姚合的道路，要求以清新刻露之词写野逸清瘦之趣。继承了山水诗人、田园诗人的传统，满足于啸傲田园、寄情泉石的闲逸生活。在艺术上，又能刻意求工，忌用典，尚白描，轻古体而重近体，尤重五律。在较大程度上纠正了江西派诗人以学问为诗的习气。翁卷曾领乡荐，生平未仕，以诗游士大夫间。有《西岩集》、《苇碧轩集》。

③山原：山和原野。川：河流。

④雨如烟：细雨蒙蒙，如烟如雾。

⑤了：结束。

题榴花[①]

韩　愈

五月榴花照眼明[②]，枝间时见子初成[③]。
可怜此地无车马[④]，颠倒苍苔落绛英[⑤]。

【注释】

①此为《题张十一旅舍三咏》之一《榴花》篇，作于唐宪宗元和元年（806）。诗借描写石榴花自开自落，无人观赏，含蓄地表达对怀才不遇者的同情与惋惜。也有人将诗理解为表达诗人对清幽景物的欣赏。

②榴（liú）花：石榴花，开于五月。照眼明：见石榴花开眼前一亮，言其艳丽夺目。

③子初成：石榴刚结果实。

④可怜：可惜。无车马：没有车马，无人来赏。

⑤颠倒：横竖，散乱。苍苔：一作“青苔”。绛（jiàng）英：红花，指石榴花。

村　晚[①]

雷　震[②]

草满池塘水满陂[③]，山衔落日浸寒漪[④]。
牧童归去横牛背，短笛无腔信口吹[⑤]。

【注释】

①这首诗描写优美的乡村景象以及牧童晚归的悠闲自在，表现对隐逸生活的赞美与向往。

②雷震：宋代诗人，生平不详。

③陂（bēi）：池塘，山坡。池塘：《宋诗纪事》作“寒塘”。

④山衔（xián）落日：太阳被山峦遮挡住了一部分，好像山含着太阳一样。衔，含。陆游《溪上作》：“山衔落日青横野，鸦起平沙黑蔽空。”寒漪（yī）：指带有寒意的水纹。漪，水纹。

⑤无腔：没有腔调，这里是说随意地吹，不是说难听得跑调。信口吹：随意地吹。

书湖阴先生壁①

王安石

茅檐常扫净无苔②，花木成蹊手自栽③。
一水护田将绿绕④，两山排闼送青来⑤。

【注释】

①诗以清丽的语言、工稳的对仗写出湖阴先生居所的清幽，景色的优美，从而含蓄地赞扬其人品高洁，气度不凡。湖阴先生：即杨德逢，是作者晚年住金陵钟山时的朋友。

②茅檐（yán）：盖着茅草的房檐。

③蹊（xī）：小路；一作“畦”，指划分成块的田地。手自栽：亲自栽种。

④护：回护。

⑤排闼（tà）：推门。门在古代又称作闼。

乌衣巷[1]

刘禹锡

朱雀桥边野草花[2]，乌衣巷口夕阳斜。
旧时王谢堂前燕[3]，飞入寻常百姓家[4]。

【注释】

①此为《金陵五题》第二首，作于唐敬宗宝历中（825—826）和州。唐穆宗长庆四年（824）秋，刘禹锡由夔州刺史改任和州刺史，浮舟东下，观洞庭，历夏口，抵和州。宝历二年（826）秋罢和州刺史，游建康，与白居易相逢于扬子津，同游扬州半月，冬由楚州北归。诗借王谢堂前燕飞入平民百姓家的命运变化暗示人世变迁，寄托了诗人对世事沧桑变化的无限感慨。乌衣巷：在今江苏南京东南秦淮河南岸，三国时曾是东吴的军营，因士兵衣黑衣，故名。东晋时曾是王导、谢安家族的所在，一说因为王谢子弟多穿黑衣服，所以叫乌衣巷。

②朱雀桥：秦淮河上桥名，建于东晋咸康二年（336），面对金陵朱雀门，离乌衣巷很近，在六朝时是市中心通往乌衣巷的必经之路。

③旧时：从前。王谢：东晋宰相王导、谢安家族是当时最大的豪门世家。

④寻常：平常，普通。

送元二使安西[1]

王　维[2]

渭城朝雨浥轻尘[3]，客舍青青柳色新[4]。
劝君更尽一杯酒[5]，西出阳关无故人[6]。

【注释】

①诗题一作《赠别》，又名《阳关三叠》、《渭城曲》。诗写祖席送别劝酒的情形，前两句交待时间、地点、环境气氛，衬托凝重心情，后两句直抒胸臆，表达了友谊之深、离别之苦。在送别这个常见诗歌类别中，王维这首诗影响最大，被刘辰翁推为“古今第一”，王士禛称为唐人七绝压卷之作。元二：作者友人，姓元，排行老二，具体事迹不详。使：出使。安西：唐代安西都护府，治所在今新疆库车附近。

②王维（700—761）：字摩诘，原籍太原祁州（今属山西），后随父迁居蒲州（今山西永济），遂为蒲州人，是盛唐诗坛上极负盛名的诗人，因官至尚书右丞，所以人称王右丞。自幼聪颖，九岁时便能作诗写文章，而且工于草书隶书，娴于丝竹音律，擅长绘画，是个多才多艺的才子。开元九年（721）进士及第，开元二十二年（734），张九龄执政，任右拾遗、监察御史。王维以诗名盛于开元、天宝间。后王维购得宋之问辋川别墅，与诗友裴迪浮舟往来，弹琴赋诗，啸咏终日，笃于奉佛。晚年吃斋禅诵，上元二年（761）一日，忽然索笔写信，告别弟缙及平生亲故，舍笔而卒，葬于清源寺西。赠秘书监。王维诗今存四百多首，有《王右丞集》。

③渭（wèi）城：秦咸阳城汉时改称渭城，在今陕西西安西北，由西安到安西途经渭城。朝雨：晨雨。浥（yì）：沾湿。轻尘：地上的浮土。

④客舍：旅舍。柳色新：古人送别要折柳相送，柳与“留”谐音，有惜别之意。

⑤更：再。尽：喝干。

⑥阳关：故址在今甘肃敦煌西南，玉门关之南，为古代通往西域的交通要道。

题北榭碑①

李　白

一为迁客去长沙②，西望长安不见家。
黄鹤楼中吹玉笛③，江城五月落梅花④。

【注释】

①诗题一作《与史郎中钦听黄鹤楼上吹笛》，又作《黄鹤楼闻笛》。这首诗是李白乾元元年（758）流放夜郎途经武昌时登黄鹤楼所作。唐肃宗至德二载（757）五月，永王军次浔阳，李白入幕，作《永王东巡歌十一首》，不久永王兵败丹阳，李白于乱军中仓皇奔亡，不久陷浔阳狱中，经江南宣慰使崔涣及御史中丞宋若思多方辩解洗冤，岁暮李白判流放夜郎。诗以贾谊自比，表现了被贬后内心的悲怆、凄凉与惆怅，抒发对朝廷的眷恋和国事的关切。史郎中钦：郎中史钦，事迹不详。北榭碑：楼上有台叫榭，黄鹤楼四面都有台榭，这首诗题写在北榭碑上，因而得名。

②一为：一旦成为。迁客：被贬谪的人。迁，贬谪，放逐。去长沙：暗用西汉贾谊典故，贾谊受谗，贬官长沙，诗人以此自喻。

③黄鹤楼：楼名，在今武昌。

④江城：鄂州，今湖北武昌。落梅花：古曲名，这里有双关之意，即也可理解为《梅花落》笛曲使人听了凛然生寒意，似乎五月的江城落满了梅花。

题淮南寺①

程　颢

南去北来休便休②，白蘋吹尽楚江秋③。
道人不是悲秋客④，一任晚山相对愁⑤。

【注释】

①诗人以道人自许，直抒胸臆，写自己不为秋残而忧愁，表现了诗人不为物役、旷达自持的精神。淮南：宋设淮南道，治所在扬州（今属江苏），淮南寺当在其附近。

②休便休：想休息就休息，表现出了诗人闲适自得的情态。

③白蘋（pín）：即白萍，浮生于水面的萍草，初秋开白花。楚江：长江。

④道人：诗人自称。悲秋客：为秋而伤感的人。宋玉开启中国文人悲秋之思，文人多被称为悲秋客，如陆龟蒙《京口与友生话别》：“共是悲秋客，相逢恨不堪。”

⑤一任：任凭。愁：秋色自悲自愁，拟人的手法。

秋　月[①]

朱　熹

清溪流过碧山头，空水澄鲜一色秋[②]。
隔断红尘三十里[③]，白云黄叶共悠悠[④]。

【注释】

①此为《入瑞岩道间得四绝句呈彦集、充父二兄弟》之第三首。诗借物喻人，通过描绘秋月的玲珑皎洁、秋空的明朗，表现诗人超脱凡俗的人生境界。

②空水：清澈透明的水。澄（chéng）鲜：明净清亮。谢灵运《登江中孤屿》："云日相辉映，江水共澄鲜。"

③红尘：世俗之处。

④黄叶：落叶。一作"红叶"。悠悠：悠远，自由。

七　夕[①]

杨　朴[②]

未会牵牛意若何[③]，须邀织女弄金梭[④]。
年年乞与人间巧[⑤]，不道人间巧几多[⑥]。

【注释】

①诗人别出心裁，借乞巧立意，通过写人间奇巧已多，表现出对世上尔虞我诈的所谓技巧的愤激之情。七夕：农历七月七日，又叫乞巧节，相传此日牛郎与织女鹊桥相会；妇女们在院子里摆上瓜果，结彩线，对月穿七孔针，向织女祈求智慧。

②杨朴：字契玄（一作先），郑州东里（今河南新郑）人，五代北宋初诗人。太宗、真宗尝以布衣召，皆辞归。《宋史·艺文志》著录《杨朴诗》一卷。

③会：会意，明白。牵牛：传说中的牛郎。意若何：有什么打算。

④须：应该。织女：传说中的天帝孙女，巧于织作。私自下凡与牛郎结为夫妻，被天帝惩罚，每年七月七日被允许与牛郎在天河相会一次。宋罗愿《尔雅翼》卷十三："涉秋七日，（鹊）首无故皆髡，相传以为是日河鼓（即牵牛）与织女会于汉东，役乌鹊为梁以渡，故毛皆脱去。"

⑤乞与：请求给与。

⑥不道：岂不知。几多：一作"更多"，又作"已多"。

立　秋①

刘　翰②

乳鸦啼散玉屏空③，一枕新凉一扇风。
睡起秋声无觅处④，满阶梧叶月明中⑤。

【注释】

①这首诗用乳鸦、明月、梧桐叶，营造出一个清丽意境，通过对秋

空、新凉梧桐叶落等自然景观的细腻描绘，写出了诗人对节令变化的感受。立秋：二十四节气之一，在农历八月八日前后，我国传统上把立秋作为秋天的开始。

②刘翰（hàn）：字武子，长沙（今属湖南）人。曾为宋高宗宪圣吴皇后侄吴益之子吴琚的门客，有诗词投呈张孝祥、范成大。曾长期客居临安，最后以布衣终身。今存《小山集》一卷。

③乳鸦：小乌鸦。散：散去，消失。玉屏：原意为玉作的屏风，或玉色的屏风，这里用来比喻夜空，形容夜色空明，月光皎洁如玉。

④秋声：秋风的萧瑟声。

⑤梧叶：梧桐叶，立秋之后，梧桐叶先落。

秋　夕①

杜　牧

银烛秋光冷画屏②，轻罗小扇扑流萤③。
天阶夜色凉如水④，卧看牵牛织女星⑤。

【注释】

①诗题一作《七夕》，又作《秋夜宫词》。诗写在牛郎织女团聚的时刻，女子独居空房，抒发其幽怨之情。此诗中的吟咏者一说是宫女，一说是闺中少妇。

②银烛：白蜡烛。一作“红烛”。秋光：秋色。画屏：绘有图画的屏风。

③轻罗小扇：用又轻又薄的绢绸作的小团扇。流萤：飞动的萤火虫。

④天阶：宫中台阶。一作“天街”，指天上的街市。
⑤卧看：一作“坐看”。

中秋月①

苏 轼

暮云收尽溢清寒②，银汉无声转玉盘③。
此生此夜不长好④，明月明年何处看。

【注释】

①这首诗是苏轼任徐州知州时所作，作于元丰元年（1078）中秋，一说作于熙宁十年（1077）中秋，当时其弟苏辙也在徐州，两人共赏月光。诗吟咏中秋月的皎洁美好，感叹韶华易逝，表达了对生活的热爱。中秋：农历八月十五为中秋节。
②溢（yì）：满而散发出。
③银汉：天河，银河。玉盘：比喻月亮，形容它的圆润皎洁像白玉做成的盘子那样。唐李白《古朗月行》有：“小时不识月，呼作白玉盘。”
④不长好：不长久。

江楼有感①

赵 嘏②

独上江楼思悄然③，月光如水水如天。
同来玩月人何在④，风景依稀似去年⑤。

【注释】

①诗抚今追昔,写皓月依旧当空,去岁共游故人不在,抒发了对友人的怀念、独登江楼的惆怅心情以及物是人非的感慨。

②赵嘏(gǔ):字承祐,楚州山阳(今江苏淮阴)人,约生于宪宗元和元年(806)。年轻时四处游历,会昌年间进士及第。会昌末或大中初入仕为渭南尉。约宣宗大中六、七年(852、853)卒于任上。存诗二百多首,其中七律、七绝最多且较出色。宋葛立方《韵语阳秋》卷四评道:"《长安秋望》诗云:'残星几点雁横塞,长笛一声人倚楼。'当时人诵咏之,以为佳作,遂有'倚楼'之目。又有《长安月夜与友人话归故山》诗云:'杨柳风多潮未落,蒹葭霜在雁初飞。'亦不减'倚楼'之句。"有《渭南集》三卷。

③思悄(qiǎo)然:形容愁思萦绕的神态。悄然,一作"渺然"。

④玩月:赏月。玩月,一作"望月",又作"看月"。何在:在哪里。

⑤依稀:仿佛,隐隐约约。

题临安邸①

林　升②

山外青山楼外楼③,西湖歌舞几时休④。
暖风熏得游人醉⑤,直把杭州作汴州⑥。

【注释】

①这是首政治讽刺诗,讽刺南宋统治阶层早已把恢复大业抛到九霄云外,偏安一隅,贪图享乐,过着醉生梦死的日子。临安:南宋都城,在今浙江杭州。邸(dǐ):客栈。

②林升：字梦屏，平阳（今属浙江）人。大约生活在南宋孝宗朝（1163—1189），是一位擅长诗文的士人。《西湖游览志余》录其诗一首。

③山外青山楼外楼：写临安湖光山色，风景秀丽，都市繁华。山外青山，青山之外还有青山，言临安山多。楼外楼，楼外还有楼，说临安楼多。

④西湖歌舞几时休：写上层人物歌舞升平。几时，何时。休，停止。

⑤熏（xūn）：熏染。

⑥直：简直。直把，《西湖游览志余》作“便把”。汴（biàn）州：北宋京城，在今河南开封附近。

晓出净慈寺送林子方①

杨万里

毕竟西湖六月中②，风光不与四时同③。
接天莲叶无穷碧④，映日荷花别样红⑤。

【注释】

①诗用白描的手法描绘了西湖六月的独特优美风光，表现了对西湖风光的由衷赞赏，含蓄地表达了惜别之情。净慈寺：原名净慈报恩光孝禅寺，位于西湖边上，与灵隐寺为西湖两大名寺。林子方：林枅，莆田人，曾以直阁秘书漕闽部。

②毕竟：到底。

③四时：四季，这里泛指夏季以外的三季。

④接天莲叶：极力写西湖荷花种植面积大，远远地与天相连，是夸

张的手法。无穷碧：也是用夸张的手法极力描绘六月西湖荷花的碧绿。

⑤别样：分外，格外。

饮湖上初晴后雨①

苏　轼

水光潋滟晴方好②，山色空蒙雨亦奇③。
欲把西湖比西子④，淡妆浓抹总相宜⑤。

【注释】

①宋神宗熙宁四年（1071）六月，苏轼以太常博士直史馆出为杭州通判，熙宁六年（1073）作此诗，原诗共两首，本诗是其二。诗描写了西湖的湖光山色和晴姿雨态，用概括性极强的语言写出西湖奇景，西子的比喻更是遗形取神，空灵通脱。湖：西湖。

②潋滟（liàn yàn）：波光动荡的样子。

③空蒙：烟雨迷蒙。

④西子：西施，姓施名夷光，春秋末期越国人，与王昭君、貂蝉、杨玉环并称古代四大美女，因为此诗，后世又称西湖为西子湖。

⑤相宜：相称，合适。

入 直①

周必大②

绿槐夹道集昏鸦③，敕使传宣坐赐茶④。
归到玉堂清不寐⑤，月钩初上紫薇花⑥。

【注释】

①诗题一作《入直召对宣德殿，赐茶而退》。诗作于宋孝宗乾道七年（1171）七月，诗人时任左丞相。诗写入直召对后久久不能入睡，表现了受到皇帝礼遇后的激动以及对国事的忧思、对朝政的关切。入直：即入值，进宫值班供职，这里指入宫供奉。召对：被帝王召去询问国事。

②周必大（1126—1204）：南宋文学家，字子充，一字洪道，号省斋居士，晚号平园老叟，庐陵（今江西吉安）人。绍兴二十一年（1151）中进士。二十七年（1157），举博学宏词科。孝宗时拜右丞相，光宗即位拜左丞相，封益国公。其诗善于状物，清新淡雅。书法“浑厚刚劲，自成一体”。他历经四年，主持刊刻了宋代著名的四大类书之一的《文苑英华》，共一千卷，他还刊刻了《欧阳文忠公集》一百五十三卷、《附录》五卷。“周必大刻本”历代被奉为私家刻书的典范。周必大今存诗六百多首。著有《玉堂类稿》等八十一种。后人把他的遗作辑为《益国周文忠公全集》，计二百卷。

③集：聚集。昏鸦：黄昏归巢的乌鸦。

④敕（chì）使：传达皇帝命令的使者。传宣：传令宣诏。坐：因为，也

可理解为坐着喝茶。

⑤玉堂：宋苏易简为学士，太宗以飞白书"玉堂之署"赐之，后世称翰林院为玉堂。清不寐（mèi）：神清气爽，或可解作夜色清明不能入睡。

⑥月钩：残月形似钩故称月钩。初上：一作"初照"。紫薇：落叶乔木，高丈余，花紫红色，又名百日红，古代中书省常栽此花，唐时宰相曾称紫薇令。白居易《紫薇花》："独坐黄昏谁是伴，紫薇花对紫薇郎。"

夏日登车盖亭①

蔡 确②

纸屏石枕竹方床③，手倦抛书午梦长。
睡起莞然成独笑④，数声渔笛在沧浪⑤。

【注释】

①元祐初，宣仁高太后听政，启用旧党，排斥新党。元祐二年（1087），蔡确罢职陈州，以弟蔡硕赃败，徙安州（今湖北安陆）车盖亭，夏日登车盖亭，作此诗。诗写作者贬官后的闲散生活，抒发了对隐逸生活的向往，曲折地表达了对现实生活的不满。

②蔡确（1037—1093）：字持正，泉州晋江（今福建泉州）人。宋仁宗嘉祐四年（1059）进士，熙宁六年（1073），王韶（江西德安人）熙河之役取得对西夏的胜利，但被告挪用军费，蔡确奉命办案，为其白冤。历官御史中丞、参知政事、尚书右仆射兼中书侍郎。绍圣二年（1095），赠太师，谥忠怀。

③纸屏:纸做的屏风。竹方床:方形竹床。

④莞(wǎn)然:微笑的样子。

⑤渔笛:渔人吹奏的笛声。沧浪:原指清苍水色,这里指水面。

直玉堂作①

洪咨夔②

禁门深锁寂无哗③,浓墨淋漓两相麻④。
唱彻五更天未晓⑤,一墀月浸紫薇花⑥。

【注释】

①诗题一作《六月十六日宣锁》,又作《禁锁》。诗写翰林院值夜班替代皇帝起草诏书的轻松酣畅,流露出诗人春风得意、踌躇满志的神情。直:入值,入宫值班。

②洪咨夔(kuí,1176—1236):字舜俞,号平斋,临安于潜(今浙江临安)人,宋宁宗嘉定二年(1209)进士。端平初,擢殿中侍御史。历迁中书舍人兼权吏部侍郎,兼直学士院。官至刑部尚书、翰林学士、知制诰。端平三年卒,谥忠文。有《平斋文集》。洪咨夔一生酷爱读书,不仅著作较多,而且藏书甚富。据载藏书有一万三千卷,藏于天目山宝福寺闻覆阁。

③禁(jìn)门:宫门。寂无哗:寂静,无人声喧哗。

④两相麻:两份任命丞相的诏书,南宋设左右丞相,拜相前授意翰林院用黄麻纸起草诏令。

⑤唱彻五更:指鸡人已报过五更,古时宫中设有鸡人,专司报更。唱彻,唱到。

⑥墀（chí）：宫殿前的台阶。

竹 楼[①]

李嘉祐[②]

傲吏身闲笑五侯[③]，西江取竹起高楼[④]。
南风不用蒲葵扇[⑤]，纱帽闲眠对水鸥[⑥]。

【注释】

①诗题一作《寄王舍人竹楼》。诗写一个不求闻达、啸傲权豪的官吏的闲适生活，表达了对友人人格的钦慕与赞赏。

②李嘉祐（yòu，719？—781？）：字从一，赵州（今属河北）人。天宝七载（748）擢第，历官秘书省正字、监察御史。工诗，有诗名，与钱起、严维、刘长卿、冷朝阳诸人友善，有唱和。为诗丽婉，有齐梁风。有《李嘉祐集》，《全唐诗》存诗二卷。

③傲吏：恃才傲物的清闲官吏。

④西江：泛指江西一带，其地多竹，诗人大历年间曾为袁州（今江西宜春一带）刺史。

⑤蒲葵（kuí）扇：蒲葵做成的扇子。蒲葵，一种常绿乔木，叶可制扇。

⑥纱帽：古代君主或官员戴的一种帽子，明代始定为文武官员常礼服，后泛指官帽。也有人解为夏季的凉帽。白居易《夏日作》："葛衣疏且单，纱帽轻复宽。一衣与一帽，可以过炎天。"

直中书省①

白居易②

丝纶阁下文章静③，钟鼓楼中刻漏长④。
独坐黄昏谁是伴，紫薇花对紫薇郎⑤。

【注释】

①诗题一作《紫薇花》。诗作于长庆元年(821)，白居易时任中书舍人入值中书省。诗写翰林院值夜班闲暇的寂寞孤独，反映出诗人忧国忧民，以国事为重的高尚品质。中书省：官署名，唐代与尚书、门下同为中央行政机关。

②白居易(772—846)：唐朝著名诗人，字乐天，太原(今属山西)人，后迁居下邽(今陕西渭南东北)。唐德宗贞元十六年(799)进士，十八年应吏部拔萃科考试，入甲等，授秘书省校书郎。元和二年(807年)授翰林学士。三年(808)拜左拾遗，十年(815)被贬为江州(今属江西)司马，后移忠州(今属四川)刺史，又为苏州、同州(今属陕西大荔)刺史。晚居洛阳，自号醉吟先生、香山居士。又曾官太子少傅，后人因称他白傅。诗歌境界开阔，倾向鲜明，重讽喻，尚坦易，为中唐大家，对后世影响很大。有《白氏长庆集》、《白香山诗集》等。

③丝纶(lún)阁：中书省，是帝王颁发诏书的地方。丝纶，帝王的诏书，语出《礼记·缁衣》："王言如丝，其出如纶。"孔颖达疏："王言初出，微细如丝，及其出行于外，言更渐大，如似纶也。"后因称帝王诏书为"丝纶"。

④钟鼓楼：专门报时辰的楼，常以敲钟、击鼓为号，故称钟鼓楼。刻漏：古代以铜壶滴漏计时，依据漏壶中标尺的刻度来判断时间，这里泛指时间。

⑤紫薇郎：唐代称中书省为紫薇省，中书令为紫薇令，中书侍郎为紫薇侍郎，白居易任中书舍人，故称紫薇郎。

观书有感①

朱　熹

半亩方塘一鉴开②，天光云影共徘徊③。

问渠那得清如许④，为有源头活水来⑤。

【注释】

①诗以半亩方塘做比喻，抒发读书时茅塞顿开的喜悦，说明只有多读书，根植深厚，才能境界开阔。

②鉴（jiàn）：镜子。开：打开，古代镜子上覆镜袱，用时打开。

③徘徊（pái huái）：来回移动。

④渠（qú）：第三人称代词，它，指池塘。那（nǎ）得：怎么能够。清如许：如此清澈。

⑤为：因为。活水：流动的水。

泛　舟[1]

朱　熹

昨夜江边春水生，艨艟巨舰一毛轻[2]。
向来枉费推移力[3]，此日中流自在行[4]。

【注释】

①此为《观书有感二首》之二。诗以泛舟做比喻，说明做事情一定要遵循客观规律，客观条件达到了，就会事半功倍，一气呵成；做学问也要厚积薄发，功到自然成。泛舟：舟浮行于水上。

②艨艟（méng chōng）：古代的一种战船。一毛轻：像一支羽毛一样轻。

③向来：一向，历来。枉费：徒费，白费。

④中流：河流之中。自在：悠闲自在。

冷泉亭[1]

林　稹[2]

一泓清可沁诗脾[3]，冷暖年来只自知[4]。
流出西湖载歌舞[5]，回头不似在山时[6]。

【注释】

①诗人以冷泉为喻，慨叹善始善终的不易，表达了诗人对持守节操者的赞赏，对当时污浊不堪社会的不满。冷泉亭：杭州西湖飞来峰下有泉叫做冷泉，上建有冷泉亭。

②林稹：字丹山，长洲（今江苏苏州）人。神宗熙宁九年（1076）进士。其余不详。

③一泓（hóng）：一汪深水。清可：清澈可人。沁（qìn）：渗入或透出。诗脾（pí）：诗思。宋杨万里《仲良见和再和谢焉》："未惜诗脾苦，端令鬼胆寒。"

④年来：年来年去，岁月更替。

⑤载（zài）：浮起，承载。歌舞：满载歌儿舞女的船。

⑥不似：不像。

冬景①

苏轼

荷尽已无擎雨盖②，菊残犹有傲霜枝③。
一年好景君须记④，最是橙黄橘绿时⑤。

【注释】

①诗作于宋哲宗元祐五年（1090）初冬，苏轼知杭州时。诗题一作《赠刘景文》。刘景文，刘季孙，河南祥符（今河南开封境内）人，苏轼任杭州知州时任两浙兵马都监，与苏轼有诗酒往来，交往很深。诗写深秋初冬的景色，将萧瑟的景物写得富有生机，借物喻人，赞颂刘景文的品格与节操，表现了诗人旷达乐观的性情和

胸襟。

②擎(qíng)雨盖:指荷叶。擎,举。

③菊残:秋菊已经开败。

④君:您。须:应该。

⑤最是:正是。橙黄橘绿:秋季,橙橘成熟于秋天。

枫桥夜泊[1]

张　继[2]

月落乌啼霜满天[3],江枫渔火对愁眠[4]。
姑苏城外寒山寺[5],夜半钟声到客船。

【注释】

①诗题一作《夜泊枫江》。作于诗人客居苏州时。诗生动地写出了诗人夜泊枫桥的见闻感受,营造一种凄迷氛围,抒发了羁旅他乡的孤寂与惆怅。月、乌鸦、霜、枫树、渔火本来是诗歌中常见的词语,诗人将它们组合在一起,形成一种凄冷哀愁的氛围,写出客子羁旅之思。此后陈允平"月落乌啼,渐霜天、钟残梦晓"词句,便是由此而来。枫桥:在今江苏苏州阊门外。

②张继:唐代诗人,字懿孙。襄州(今湖北襄阳襄州区)人。天宝十二载(753)中进士。张继在至德中与刘长卿同为御史,大历年间任检校祠部员外郎、洪州盐铁判官。与皇甫冉、刘长卿交谊颇深,后殁于洪州。刘长卿曾作《哭张员外继》痛悼之。张继诗现存约40首,主要是纪行游览、酬赠送别之作,多为五七言律诗及七言绝句。语言明白自然,不尚雕饰。七绝《枫桥夜泊》情致

清远，历来为人所称，北宋时已刻石于苏州。有《张祠部诗集》。

③乌啼：乌鸦啼叫。一说乌啼为地名，在枫桥西南。

④江枫：江边的枫树。一说江枫为二桥名。对愁眠：怀着忧愁睡觉。

⑤姑苏：苏州的别称，因苏州城外有姑苏山而得名。寒山寺：位于苏州城西十里的枫桥镇，创建于梁代天监年间，初名“妙利普明寺院”。相传唐代诗僧寒山子曾任主持，遂改名寒山寺。

寒　夜①

杜　耒②

寒夜客来茶当酒③，竹炉汤沸火初红。
寻常一样窗前月④，才有梅花便不同。

【注释】

①诗写寒夜故人来访的喜悦、温馨，红红的炉火、滚开的水给人以温暖，三四句用比喻的手法写诗人内心的欣喜。

②杜耒（lěi，？—1227）：字子野，号小山，南城（今属江西）人，曾官主簿。嘉定年间为淮东安抚制置使许国幕僚，理宗宝庆三年死于军乱。

③茶当酒：以茶当酒，招待客人。

④寻常：平常。

霜　夜①

李商隐②

初闻征雁已无蝉③，百尺楼台水接天④。
青女素娥俱耐冷⑤，月中霜里斗婵娟⑥。

【注释】

①诗用绮丽独特的语言写秋夜雁声、楼台碧水以及秋月寒霜的竞相媲美，将普通人眼里的凄清萧瑟的秋夜写得生意盎然，赞扬经得起风霜磨难的精神。

②李商隐（812—858）：字义山，号玉溪生，又号樊南生，晚唐著名诗人。原籍怀州河内（今河南沁阳）人，他的先祖是李唐王室旁支，然而自其高祖以来家境已衰落。开成二年（837）中进士。后来他赴兴元（今陕西汉中）入令狐楚幕。令狐楚死，又入泾原节度使、倾向于李党的王茂元幕府，不久娶其女为妻，引起属于牛党的令狐绹等人的不满。开成四年（839），李商隐出仕秘书省，为校书郎。会昌二年（842），他再应书判拔萃科试，被授秘书省正字。其诗独辟蹊径，开拓出寄情深婉的新境界，深深影响了晚唐和宋初西昆体诗人及清代钱谦益诸诗人。有《李义山诗集》。

③征雁：远飞的雁，这里指南飞的雁。已无蝉（chán）：已经听不到蝉声了。

④百尺楼台：泛指高楼。唐王昌龄《从军行》之一："烽火城西百尺楼，黄昏独上海风秋。"

⑤青女：神话传说中的霜神。《淮南子·天文训》："至秋三月……

青女乃出，以降霜雪。”高诱注：“青女，天神，青霄玉女，主霜雪也。”素娥：嫦娥。谢庄《月赋》：“引玄兔于帝台，集素娥于后庭。”俱：都。

⑥婵（chán）娟：姿态美好貌。

梅[1]

王　淇

不受尘埃半点侵[2]，竹篱茅舍自甘心[3]。
只因误识林和靖[4]，惹得诗人说到今。

【注释】

①诗用幽默的语言，拟人的手法，通过写梅花因为结识林逋引人注目而懊悔，赞颂梅花一尘不染的高洁品质和安贫乐道的精神。

②侵：沾染，污染。

③甘心：快意，安于现状。

④误识：错误地结识。林和靖（jìng）：林逋，字君复，谥和靖先生，北宋诗人，钱塘人，隐居西湖孤山，终身不仕，终身不娶，植梅花养仙鹤为伴，称“梅妻鹤子”，其《山园小梅》有名句“疏影横斜水清浅，暗香浮动月黄昏”为人传诵。

早　春①

白玉蟾②

南枝才放两三花③，雪里吟香弄粉些④。
淡淡著烟浓著月⑤，深深笼水浅笼沙⑥。

【注释】

①诗前两句写梅花开得早，向阳的枝杈才有两三朵雪里飘香，后两句写梅的神韵，表现了对梅的喜爱，盼春的急切及高雅的情趣。

②白玉蟾（chán）：南宋道人，原名葛长庚，字白叟、以阅、众甫，号海琼子、武夷散人、海南翁、琼山道人、神霄散吏、紫清真人。祖籍福建闽清县，出生于海南岛琼州，后来母亲改嫁，继为白氏子，遂易名白玉蟾。幼天资聪敏颖异，七岁能诵九经，十二岁举童子科。宋宁宗嘉定间，诏征赴阙，召对称旨，封为紫清明道真人，命馆太乙宫，赐号紫清明道真人。全真教尊为南五祖之一。白玉蟾博洽群书，能诗善赋，工书擅画。有《海琼玉蟾先生文集》四十卷。

③南枝：向阳的枝条，因得光多，所以开花早。

④吟香：吟咏初放的香花。弄粉：赏玩含苞初放的花蕊。些（suò）：句末语气助词。《楚辞·招魂》："魂兮归来，去君之恒干，何为四方些。"

⑤著（zhuó）：罩着。

⑥深深笼水浅笼沙：说梅花的影子随着月亮的移动，或深深地投入溪水，或者浅浅地印在沙上。

雪 梅[1]

卢梅坡[2]

梅雪争春未肯降，骚人阁笔费评章[3]。
梅须逊雪三分白[4]，雪却输梅一段香。

【注释】

①《千家诗》原署“《雪梅》其一”，误将方岳《梅花》列入“其二”。诗题一作《梅花》。诗歌以生动活泼的语言写梅、雪谁也不服输，只好请诗人来做个判断，而诗人费了好大功夫才发现二者各有千秋，借此写出诗人赏梅、赏雪的雅兴。

②卢梅坡：南宋诗人，生平不详。

③骚（sāo）人：诗人。阁笔：意为诗人自愧文采浅薄，无力表达梅、雪风韵，不敢妄自动笔。阁：同“搁”，放下。评章：评论、判断。

④须：本来。逊（xùn）：差，不如。

梅 花[1]

方 岳[2]

有梅无雪不精神[3]，有雪无诗俗了人[4]。
日暮诗成天又雪[5]，与梅并作十分春[6]。

【注释】

①诗写梅、雪在审美境界上互相依存,谁也离不开谁,而真正的雅兴却在于梅、雪并存而且有吟诗。梅花开放时刻,自己的咏梅诗刚写成,天公作美又下雪了,于是诗人感受到了无限春意。诗见方岳《秋崖集》卷四《梅花十咏》之九。《千家诗》此诗作者原署"卢梅坡",诗题署"《雪梅》其二",误。

②方岳(1199—1262):南宋诗人、词人。字巨山,号秋崖,祁门(今属安徽)人。终官吏部侍郎。有《秋崖集》。

③精神:神采,神韵。

④俗了人:给人一种庸俗的感觉。

⑤雪:下雪。

⑥十分春:十足的春色。

答钟弱翁①

牧　童

草铺横野六七里②,笛弄晚风三四声③。
归来饱饭黄昏后,不脱蓑衣卧月明④。

【注释】

①诗以亲切自然的语言,描绘了牧童牧笛弄晚、夜卧明月的舒适惬意生活,衬托出宦海浮沉、官场险恶。钟弱翁:名傅,宋人,饶州乐平(今江西乐平)人,约生活在北宋末南宋初,以书生被荐为兰州推官,哲宗绍圣年间因破西夏有功,官至集贤殿修撰、龙图阁大学士,历任河中、杭州、延安等知州,曾因虚报边功贬连州

别驾。

②横野：遍野。

③弄：伴弄。

④蓑（suō）衣：稻草或棕叶编制的雨具。卧月明：睡在月光下。

泊秦淮①

杜　牧

烟笼寒水月笼沙②，夜泊秦淮近酒家。
商女不知亡国恨③，隔江犹唱《后庭花》④。

【注释】

①诗题一作《秦淮夜泊》。诗描写月夜秦淮河萧瑟凄清的衰败景象，听到江岸上传来的阵阵靡靡之音，诗人不由得想起了南朝陈的亡国之事，从而对日渐衰落的唐帝国充满忧虑。秦淮：河名，在今江苏南京，横贯全市流入长江，相传秦时所开，凿钟山以疏通淮水，所以叫秦淮河。

②烟笼寒水月笼沙：是“烟”、“月”笼罩在“水”和“沙”上，互文见义的用法。笼，笼罩，

③商女：歌女。亡国恨：南朝国家灭亡的遗恨。

④江：秦淮河。犹：还。《后庭花》：歌曲名，即《玉树后庭花》，为南朝陈后主陈叔宝所作，歌词中有“玉树后庭花，花开不长久”句，反映宫廷糜烂生活。当时有人认为预言了陈朝的灭亡，后人称此曲为亡国之音。

归 雁①

钱 起②

潇湘何事等闲回③，水碧沙明两岸苔④。
二十五弦弹夜月⑤，不胜清怨却飞来⑥。

【注释】

①诗歌用拟人的手法，通过人雁问答，写大雁忍受不了哀怨的琴瑟声，宁愿放弃“水碧沙明两岸苔”的地方，抒发了诗人宦游他乡的羁旅之思。此诗也可理解为借鸿雁不堪娥皇、女英琴瑟凄苦，吟咏传说本身，表达对她们的同情。

②钱起（712？—780）：字仲文，吴兴（今浙江吴兴）人。天宝十载（751）登进士第，历任校书郎、考功郎中、翰林学士等，为“大历十才子”之一，与郎士元齐名，时称“前有沈宋，后有钱郎”。他的诗歌多是应景献酬之作，较少反映社会现实。绝句闲雅纤丽，含蓄蕴藉。有《钱仲文集》，《全唐诗》存诗四卷，《全唐诗外编》及《全唐诗续拾》补诗八首。

③潇湘（xiāo xiāng）：潇水与湘水，其汇合处称为“潇湘”，约今湖南一带。相传大雁南飞到衡阳南的回雁峰就不再南飞，冬天过后飞回北方。何事：何故，为什么。等闲：轻易，随便，随意。

④苔：植物名，大雁可以食用。

⑤二十五弦：借代，指瑟，古瑟有五十弦，后改为二十五弦。《汉书·郊祀志上》：“帝使素女鼓五十弦瑟，悲，帝禁不止，故破其瑟为二十五弦。”弹夜月：传说湘水女神娥皇、女英善于弹瑟，其声

哀怨凄苦,晋张华《博物志》卷八载:"尧之二女,舜之二妃,曰湘夫人。舜崩,二妃啼,以涕挥竹,竹尽斑。"

⑥不胜:不堪,不能忍受。清怨:凄清幽怨。

题　壁①

无名氏

一团茅草乱蓬蓬②,蓦地烧天蓦地空③。
争似满炉煨榾柮④,慢腾腾地暖烘烘。

【注释】

①诗写于北宋神宗熙宁二年(1069)王安石实行变法后。这是首打油诗,通过描写蓬草与榾柮的不同燃烧情形,向人们昭示两种不同的生活态度。也有人说比喻得势小人,一时气焰万丈,一朝身败名裂,前功尽弃。甚至也有人说此诗是反对王安石变法的。全诗用语俚俗,风格诙谐,回味无穷。

②乱蓬蓬:散乱,乱七八糟的样子。

③蓦(mò)地:突然地。

④争似:怎么能比上。煨(wēi):烤。榾柮(gǔ duò):木柴块,树根疙瘩。可代炭用。唐贯休《深山逢老僧》诗之一:"衲衣线粗心似月,自把短锄锄榾柮。"宋陆游《霜夜》诗之二:"榾柮烧残地炉冷,喔咿声断天窗明。"

七　律

早朝大明宫[1]

贾　至[2]

银烛朝天紫陌长[3]，禁城春色晓苍苍[4]。
千条弱柳垂青琐[5]，百啭流莺绕建章[6]。
剑佩声随玉墀步[7]，衣冠身惹御炉香[8]。
共沐恩波凤池上[9]，朝朝染翰侍君王[10]。

【注释】

①原题为《早朝大明宫呈两省僚友》，两省指分居大明宫左右的中书、门下省。诗作于唐肃宗乾元元年（758）春，唐肃宗大阅诸军后，在含元殿大赦天下，贾至作此诗。诗描写了早朝大明宫时见到的早春景色以及群臣早朝时庄严肃穆的情形，表达了诗人忠于君王的思想感情。早朝：上早朝。大明宫：唐宫殿名，始建于贞观八年（634），初名永安宫，次年改称大明宫，后曾称蓬莱宫。

②贾至（718—772）：字幼几，一作幼邻，贾曾之子，洛阳人，唐代诗人。开元间与苏晋同掌制诰，天宝十载（751）明经擢第，为单父尉。安史之乱中随唐玄宗入蜀，迁中书舍人。撰传位肃宗册文，进稿后，玄宗曰："先天诰命，乃父所为。今兹大册，尔又为之。两朝盛典，出卿家父子，可谓继美矣。"官终右散骑常侍。贾至工诗，音调清畅，俊逸之气不减鲍照、庾信，格调清畅，且多朴实之辞。《全唐诗》存诗一卷。

③银烛：银色烛光，一说借喻月光。紫陌：指京师郊野的道路。汉王粲《羽猎赋》："济漳浦而横阵，倚紫陌而并征。"

④禁城：皇城。苍苍：深青色。

⑤弱柳：嫩柳。青琐（suǒ）：古代宫门上雕刻的连环花纹，常涂以青色，故称青琐，后用以借指宫门。《汉书·元后传》："曲阳侯根骄奢僭上，赤墀青琐。"颜师古注："孟康曰：'以青画户边镂中，天子之制也。'……孟说是。青琐者，刻为连环文，而青涂之也。"

⑥百啭（zhuǎn）：百般鸣叫。流莺：飞动的黄莺。建章：汉代宫殿名，这里指大明宫。

⑦剑佩声：大臣佩戴的宝剑和玉佩在行走时的撞击声。玉墀（chí）：宫中玉砌的台阶。

⑧惹：粘带。御炉：宫中的香炉。

⑨沐：沐浴，身受。凤池：凤凰池，指中书省。凤凰池是禁苑中池沼，借指中书省或宰相。唐张说《崔司业挽歌二首》之二："凤池伤旧草，麟史泣遗编。"唐刘禹锡《有感》："昨宵凤池客，今日雀罗门。"

⑩染翰（hàn）：点染笔墨，指为国家起草诏令。侍：侍奉。

和贾舍人早朝[1]

杜　甫

五夜漏声催晓箭[2]，九重春色醉仙桃[3]。
旌旗日暖龙蛇动[4]，宫殿风微燕雀高[5]。
朝罢香烟携满袖[6]，诗成珠玉在挥毫[7]。
欲知世掌丝纶美[8]，池上于今有凤毛[9]。

【注释】

①本诗是贾至《早朝大明宫呈两省僚友》的和诗，作于唐肃宗乾元元年（758）春，诗描绘了杜甫早朝时见到的情形，写出了群臣沐浴圣恩的喜悦，运用典故盛赞贾至世家风范、人才难得。和：唱和，以诗词酬答。贾舍人：指贾至。舍人，官名，即中书舍人。

②五夜：五更。漏声：漏壶滴水的声音。箭：漏箭，指装在漏壶中标示时间的箭杆状工具。

③九重（chóng）：皇帝居住之地。《楚辞》："望君门之九重。"醉仙桃：使仙桃像喝醉酒一样变成红色，指桃花盛开。

④旌（jīng）旗：旗帜。龙蛇：旌旗上的图像。

⑤高：高飞。

⑥朝（cháo）罢：早朝结束。

⑦珠玉：珠圆玉润，形容语言婉转流畅。白居易《广府胡尚书频寄诗，因答绝句》："唯向诗中得珠玉，时时寄到帝乡来。"挥毫：挥笔，写作。

⑧世掌：世代掌管，贾至及其父贾曾都担任过中书舍人，掌管拟诏

敕，故称“世掌”。丝纶（lún）：皇帝的诏书。

⑨池：凤凰池，即中书省。凤毛：指凤毛麟角。凤凰的羽毛、麒麟的角都是罕见珍贵的东西，比喻稀少而珍贵的人或物。后人常用来比喻人才不可多得。南朝刘义庆《世说新语·容止》：“大奴固自有凤毛。”《南史·谢超宗传》：“超宗殊有凤毛。”《北史·文苑传序》：“学者如牛毛，成者如麟角。”此处比喻贾至有文采，不亚其父。

和贾舍人早朝①

王　维

绛帻鸡人报晓筹②，尚衣方进翠云裘③。
九天阊阖开宫殿④，万国衣冠拜冕旒⑤。
日色才临仙掌动⑥，香烟欲傍衮龙浮⑦。
朝罢须裁五色诏⑧，佩声归到凤池头⑨。

【注释】

①本诗也是《早朝大明宫呈两省僚友》的和诗，作于唐肃宗乾元元年（758）春。诗运用细节描写和场面烘托，从早朝前、早朝、早朝后三个方面写出大明宫早朝时的气氛与帝王的威仪，极力称赞贾至得到朝廷的器重。

②绛帻（jiàng zé）：红色头巾。鸡人：周朝官名，后指宫中报更人，戴红色头巾。《周礼·春官·宗伯第三》：“鸡人掌共鸡牲，辨其物。大祭祀，夜嘑旦以嘂百官。凡国之大宾客、会同、军旅、丧纪，亦如之。凡国事为期，则告之时。凡祭祀，面禳衅，共其鸡

牲。”《汉官仪》载：“于朱雀门外，著绛帻，传鸡鸣。”晓筹（chóu）：早更。筹，计时器。

③尚衣：尚衣局，属殿内省，掌管帝王衣服。翠云裘（qiú）：绿色皮衣。

④九天：天的最高处，此指帝王住所，宫禁。阊阖（chānghé）：传说中的天门，这里指宫门。屈原《离骚》：“吾令帝阍开关兮，倚阊阖而望予。”

⑤万国衣冠（guān）：指各国使臣。衣冠，官员的穿戴，这里指官员，是借代的用法。冕旒（miǎn liú）：皇帝所戴的礼冠。冕，帝王的礼帽，旒是冕前后所挂的串珠，共十二串。冕旒在这里借指皇帝。

⑥日色：借喻，指皇帝。仙掌：皇帝专用的掌扇，又叫障扇，多以野鸡尾为饰。

⑦傍（bàng）：依，靠近。衮（gǔn）龙：龙袍上的龙形图案。浮：浮动。

⑧五色诏：用五色纸书写的诏书。《邺中记》载：“石虎诏书，以五色纸，著凤雏口中。”

⑨佩（pèi）声：走动时，身上珮玉发出的声音。

和贾舍人早朝①

岑　参②

鸡鸣紫陌曙光寒③，莺啭皇州春色阑④。
金阙晓钟开万户⑤，玉阶仙仗拥千官⑥。
花迎剑佩星初落⑦，柳拂旌旗露未干。
独有凤凰池上客⑧，阳春一曲和皆难⑨。

【注释】

①本诗也是《早朝大明宫呈两省僚友》的和诗，作于唐肃宗乾元元年（758）春。全诗围绕“早朝”两字作文章：“曙光”、“晓钟”、“星初落”、“露未干”都切“早”字；而“金阙”、“玉阶”、“仙仗”、“千官”、“旌旗”皆切“朝”字，写出皇宫建筑的富丽堂皇和宏伟气势。末联点出酬和之意，推崇对方诗艺高超。

②岑（cén）参（715？—770）：唐代诗人。原籍南阳（今属河南），迁居江陵（今属湖北）。曾祖岑文本、伯祖岑长倩、伯父岑羲都以文墨致位宰相。父岑植，官晋州刺史。天宝三载（744）登进士第，授右内率府兵曹参军。天宝八载，充安西四镇节度使高仙芝幕府掌书记，初次出塞。天宝十载（751），回长安，与杜甫、高适等游。十三载（754），又充安西北庭节度使封常清判官，再次出塞，报国立功之情更切，边塞诗名作大多成于此时。安史乱起，岑参东归勤王，杜甫等推荐他为右补阙。后历官起居舍人、太子中允，虞部、库部郎中，出为嘉州刺史，因此人称“岑嘉州”。有《岑嘉州诗集》。

③紫陌（mò）：指京师郊野的道路。唐刘禹锡《元和十一年自朗州召至京戏赠看花诸君子》诗：“紫陌红尘拂面来，无人不道看花回。”

④皇州：帝都，指长安。阑（lán）：尽。

⑤金阙（què）：宫殿，这里指大明宫。

⑥仙仗：仙人的仪仗队，此处指皇帝的仪仗。

⑦剑佩：佩剑及玉石等饰物。星初落：繁星刚逝，天刚亮。

⑧凤凰池：也称凤池，指中书省。

⑨阳春：古代楚国歌曲名，是一种高雅的乐曲，《阳春》、《白雪》是高雅音乐的代名词，正如《下里》、《巴人》是粗俗音乐的代称。宋玉《对楚王问》：“客有歌于郢中者，其始曰下里、巴人，国中属而和者数千人；其为阳阿、薤露，国中属而和者数百人；其为阳春、白雪，国中属而和者数十人。”这里“阳春”指贾至的诗。

上元应制①

蔡　襄②

高列千峰宝炬森③，端门方喜翠华临④。
宸游不为三元夜⑤，乐事还同万众心⑥。
天上清光留此夕⑦，人间和气阁春阴⑧。
要知尽庆华封祝⑨，四十余年惠爱深⑩。

【注释】

①宋仁宗嘉祐八年（1063）正月十五上元之夜，蔡襄随御驾观灯，奉命作此诗。诗描绘了盛世上元节灯会的宏大场面与热闹非凡，盛赞皇帝与民同乐，表达了对帝王的感恩和祝福。上元：农历正月十五为上元节，又称元宵节。应制：奉帝王之命作诗。

②蔡襄（xiāng，1012—1067）：字君谟，兴化仙游（今属福建）人，北宋诗人，书法家，工正、行、草书，也善章草。与苏轼、黄庭坚、米芾并称“宋四家”。《东坡题跋》称：“蔡君谟独步当世，此为至论。君谟行书第一，小楷第二，草书第三；就其所长而求其所短，大字为小疏也。天资既高，辅以笃学，其独步当世宜哉。”官至端明殿学士，有《蔡忠惠集》。

③高：一作“叠”。千峰：灯山峰峦多。古代元宵节，将彩灯堆叠成山，取名鳌山。宝炬：宝灯。森：林立。

④端门：宫殿的正门，即午门。喜：一作“伫”。翠华：皇帝后面的障扇，借指皇帝的仪仗。

⑤宸（chén）游：帝王巡游。三元：指农历正月十五（上元）、七月十五

（中元）、十月十五（下元），这里指上元夜。

⑥同万众心：帝王与民众同心。

⑦天上清光：夜空清澄明朗。

⑧和气：祥气，瑞气。阁：同“搁”，留。春阴：春夜。

⑨华封祝：即华封三祝，尧到华州，华州封人（守边疆的人）祝他长寿、富有、多子。《庄子·天地》：“尧观乎华，华封人曰：‘嘻，圣人。请祝圣人，使圣人寿。’尧曰：‘辞。’‘使圣人富。’尧曰：‘辞。’‘使圣人多男子。’尧曰：‘辞。’封人曰：‘寿、富、多男子，人之所欲也，女独不欲，何邪？’尧曰：‘多男子则多惧，富则多事，寿则多辱。是三者非所以养德也，故辞。’”

⑩四十余年：嘉祐八年，宋仁宗赵祯已经在位四十年。爱：一作“化”。

上元应制[①]

王　珪[②]

雪消华月满仙台[③]，万烛当楼宝扇开[④]。
双凤云中扶辇下[⑤]，六鳌海上驾山来[⑥]。
镐京春酒沾周宴[⑦]，汾水秋风陋汉才[⑧]。
一曲升平人共乐[⑨]，君王又尽紫霞杯[⑩]。

【注释】

①此诗原题《依韵恭和御制上元观灯》，是皇帝《上元观灯》的和诗。据《侯鲭录》载，此诗作于元祐中。又据《宋诗别裁集》卷五，诗歌极力描绘上元夜皇帝观灯时的情景和观灯归来赐宴群臣以及群

臣竞相向皇帝祝寿的场面，表达了诗人祝福宋朝也要像周一样国祚昌久。

②王珪（guī，1019—1085）：北宋诗人，字禹玉，华阳（今四川成都）人。仁宗庆历二年（1024）进士。通判扬州，召直集贤院。累官知制诰、翰林学士、知开封府、侍读学士。哲宗即位，封岐国公，卒于位，谥文恭。珪仕英宗、神宗、哲宗三朝，以文章致位通显。有集一百卷，已佚。清四库馆臣从《永乐大典》辑成《华阳集》六十卷，附录十卷。

③华月：明亮的月光。仙台：宫中的楼台。

④当楼：对着楼台。宝扇：障扇，皇帝的仪仗。

⑤双凤：服侍皇帝的两个宫女。辇（niǎn）：帝王乘坐的车子。

⑥六鳌（áo）：据《庄子》载，海上有三座仙山，下面有六只鳌鱼驮着，这里是说灯景鳌山是仙山。

⑦镐（hào）京：镐（今陕西西安）为西周国都，这里指北宋都城。同样，说宴赏是周宴也是将宋比作周。

⑧汾（fén）水秋风：汉武帝巡游汾水，赐宴群臣，并赋《秋风辞》。陋汉才：汉武帝君臣才能浅陋，比不上今日盛会。

⑨升平：太平，或可解作《万岁升平》曲，宋代教坊歌曲之一，教坊都知李德昇作，是歌颂天下太平的曲子。共：一作“尽”。

⑩尽：饮尽。尽，一作“进”。紫霞杯：酒杯名，这里借代酒。

侍　宴①

沈佺期②

皇家贵主好神仙③，别业初开云汉边④。
山出尽如鸣凤岭⑤，池成不让饮龙川⑥。
妆楼翠幌教春住⑦，舞阁金铺借日悬⑧。
敬从乘舆来此地⑨，称觞献寿乐钧天⑩。

【注释】

①诗题一作《侍宴安乐公主新宅应制》，作于唐中宗景龙三年（709）十一月一日。中宗景龙二年（708）于修文馆置太学士四员，学士八员，直学士十二员，象四时、八节、十二月，李峤等为太学士，李适等为学士，杜审言、沈佺期等为直学士，均为御用文臣。景龙三年十一月一日，安乐公主入新宅，沈佺期奉命作此诗。这首诗运用了夸张的手法，写楼台高入云霄，山水之佳胜过凤岭、饮龙川，陈设华丽、音乐美妙，突出了安乐公主的奢华富贵，皇恩浩荡。

②沈佺（quán）期（656？—714）：唐代诗人，字云卿，相州内黄（今河南内黄）人。上元二年（675）进士及第，由协律郎累迁考功员外郎。神龙三年（707），召拜起居郎兼修文馆直学士，常侍宫中。后历中书舍人、太子少詹事。沈佺期的诗多宫廷应制之作，内容空洞，形式华丽。但他在流放期间诸作，多抒写凄凉境遇，诗风为之一变，情调凄苦，感情真实。他还创制七律，被胡应麟誉为初唐七律之冠。与宋之问齐名，并称“沈宋”。他们的近体诗格

律谨严精密，史论以为是律诗体制定型的代表诗人。中唐元稹《唐故工部员外郎杜君墓系铭序》说："沈宋之流，研练精切，稳顺声势，谓之为律诗。由是而后，文体之变极焉。"钱良择《唐音审体》说："律诗始于初唐，至沈、宋而其格始备。"

③贵主：安乐公主，唐中宗女，韦后所生，买官鬻爵，干预朝政，后为玄宗所杀。好神仙：爱好神仙。

④别业：别墅。初开：刚建成。云汉边：云霄中，形容楼阁高大雄伟，上连云天。

⑤鸣凤岭：岐山，今陕西岐山东北，相传周朝兴起时，有凤凰鸣于岐山，所以得名。

⑥不让：不弱于，不差于。饮龙川：沂水，源出今山东沂水，经江苏邳州流入泗水。语出《尸子》："有龙饮于沂。"

⑦妆楼：梳妆楼。翠幌（huǎng）：绿色的帘幕。

⑧舞阁：专供舞蹈用的台阁。金铺：门环上的黄金装饰。

⑨乘舆（yú）：天子车驾。

⑩称觞（shāng）：举起酒杯。献寿：敬酒祝寿。钧天：古代传说中的天中央。也指神话中天上的音乐。

答丁元珍[1]

欧阳修[2]

春风疑不到天涯[3]，二月山城未见花。
残雪压枝犹有橘[4]，冻雷惊笋欲抽芽[5]。
夜闻啼雁生乡思，病入新年感物华[6]。
曾是洛阳花下客[7]，野芳虽晚不须嗟[8]。

【注释】

①诗题一作《戏答元珍》。这首诗写于宋仁宗景祐四年(1037),欧阳修于上年作《朋党论》为范仲淹辩护,结果被贬为峡州夷陵(今湖北宜昌)县令,丁元珍作《花时久雨》诗赠他,欧阳修遂以此诗赠答。诗歌借山城春迟迟不归寄予了被贬后的苦闷、失意和对故乡的思念,次联富于生机的景象暗含诗人对未来的信心,同时表达了自我宽慰之情。丁元珍:丁宝臣,字元珍,时为陕州军事判官。

②欧阳修(1007—1072):字永叔,号醉翁、六一居士,谥文忠。吉州吉水(今属江西)人,吉州原属庐陵郡,故自称庐陵人,北宋著名政治家、文学家、史学家,唐宋古文八大家之一。宋仁宗天圣八年(1030)进士。景祐元年(1034),召试学士院,授任宣德郎,充馆阁校勘。至和元年(1054)八月,奉诏入京,与宋祁同修《新唐书》。嘉祐二年(1057)二月,欧阳修以翰林学士知贡举,提倡平实的文风,录取了苏轼、苏辙、曾巩等人,对北宋文风的转变起了关键作用。熙宁四年(1071)六月,欧阳修以太子少师的身份辞职,退居颍州。欧阳修散文说理畅达,抒情委婉;诗语言流畅自然;词婉丽,承袭南唐余风。撰《新五代史》,又喜收集金石文字,编为《集古录》,对宋代金石学颇有影响。有《欧阳文忠公集》。

③春风疑不到天涯:即"疑春风不到天涯",怀疑春风的来临。天涯,天边,这里指地处边远的峡州。

④残雪:尚未融化的雪。

⑤冻雷:早春的雷。

⑥病入新年:拖着病体进入新年。物华:美好的景物。

⑦洛阳花下客:作者自称,宋仁宗天圣八年(1030)至景祐元年(1034)欧阳修曾任西京(今河南洛阳)留守推官,洛阳盛产牡丹,北宋时花园最盛,有"天下名园重洛阳"的说法,所以称"洛阳花

下客”。

⑧野芳：野花。嗟（jiē）：叹息。

插花吟①

邵　雍②

头上花枝照酒卮③，酒卮中有好花枝。
身经两世太平日④，眼见四朝全盛时⑤。
况复筋骸粗康健⑥，那堪时节正芳菲⑦。
酒涵花影红光溜⑧，争忍花前不醉归⑨。

【注释】

①由诗中提到“身经两世太平日”可知此诗作于宋神宗熙宁三年（1071）左右，诗人六十岁上下。这首诗通过写诗人头戴花枝、赏春畅饮，生动地刻画了一位长者万事顺心、身体康泰的形象。插花：古时男子有发髻，鬓边也插花。吟：歌。

②邵（shào）雍（1011—1077）：字尧夫，北宋文人，著名道学家。祖籍范阳，其父徙衡漳，又迁共城（今河南辉县），隐居苏门百源上，故后世又称其为“百源先生”。屡授官不仕，隐居洛阳，自名“安乐先生”。喜饮酒，命之曰太和汤，饮不过多，不喜太醉。曾作诗曰：“酒未微酡，自先吟哦，吟哦不足，遂及浩歌。”邵雍的甘于淡泊，乐于饮酒著述，代表了古代许多正直的知识分子形象。有《观物内外篇》、《渔樵问对》，诗集则有《伊川击壤集》。

③卮（zhī）：古代的一种酒器。

④两世：古时称三十年为一世，作者已经年过六十，故称两世。

⑤四朝：作者经历真宗、仁宗、英宗、神宗四朝。

⑥况复：何况又。筋骸（hái）：筋骨，身体。粗：大致。

⑦那（nǎ）堪：哪能忍受。芳菲：本指花草的美好，这里指一切事物的美好。

⑧涵：浸。溜：浮动。

⑨争忍：怎忍。

寓　意①

晏　殊②

油壁香车不再逢③，峡云无迹任西东④。
梨花院落溶溶月⑤，柳絮池塘淡淡风⑥。
几日寂寥伤酒后⑦，一番萧瑟禁烟中⑧。
鱼书欲寄何由达⑨，水远山长处处同。

【注释】

①诗题一作《无题》。诗以凄冷的景象作渲染，写出对一位女子的苦苦思念以及无由相通的怅然。一说是诗人借情事抒发求贤若渴的情愫。寓意：借其他事物寄托本意。

②晏（yàn）殊（991—1055）：字同叔，抚州临川（今江西临川）人。北宋景德中以神童入试，赐同进士出身。复试，擢秘书省正字，得尽读秘阁藏书，学问益博。继迁翰林学士，深为真宗所倚重，事无巨细，皆咨访之。仁宗即位，益加信任，历居要职，先后拜集贤殿大学士，同中书门下平章事兼枢密使（文武职宰相）。后出知河南，兼西京留守，进阶至开府仪同三司，勋上柱国，爵临淄公。

卒谥元献。晏殊才高学富，识见明决，深知治国本末。范仲淹、孔道辅、韩琦、富弼、宋庠、宋祁、欧阳修、王安石等均出其门下。晏殊能诗，善词，文章赡丽，骈文、书法无不工。尤擅长小令，语言婉丽，颇受南唐冯延巳的影响。宋人叶梦得《避暑录话》载，晏殊"惟喜宾客，未尝一日不宴饮，每有嘉客必留，留亦必以歌乐相佐"。后人称之为"词人宰相"。著有文集二百四十卷，但绝大部分已经散失。今传世有《珠玉词》一卷（约一百三十首），诗百余首，文章十数篇。又编类书《类要》。

③油壁：即油壁车，或谓油軿，一种车壁、车帷用油涂饰的华贵车子，有时驾以二马、三马。《南齐书·鄱阳王锵传》："制局监谢粲说锵及随王子隆曰：'殿下但乘油壁车入宫，出天子置朝堂。'"这里指美人乘坐的华贵车子。香车：用香木做的车。泛指华美的车或轿。

④峡云：巫峡上空的云，这里暗用楚襄王梦中与巫山神女相会的典故，指所思念的女子。典出宋玉《高唐赋》。

⑤梨花院落：开满梨花的院子。溶溶月：月光如水一样明净、皎洁、柔和。

⑥柳絮（xù）池塘：飘着柳絮的池塘。淡淡风：风轻轻地吹着。

⑦寂寥（liáo）：寂寞。伤酒：中酒。

⑧萧瑟（xiāo sè）：萧条，冷落。禁烟：即禁火，寒食禁火。

⑨鱼书：旧时称书信为鱼书，典出汉乐府《饮马长城窟行》："客从远方来，赠我双鲤鱼。呼儿烹鲤鱼，中有尺素书。"何由达：怎么能够寄到。

寒食清明①

刘克庄②

寂寂柴门村落里③，也教插柳纪年华④。
禁烟不到粤人国⑤，上冢亦携庞老家⑥。
汉寝唐陵无麦饭⑦，山溪野径有梨花。
一樽竟藉青苔卧⑧，莫管城头奏暮笳⑨。

【注释】

①《千家诗》原署赵鼎，实际上是刘克庄诗作，见《刘克庄集》卷九，为两首《寒食清明》之一。宋理宗绍定五年（1232），刘克庄贬官潮州，诗作于被贬期间，描绘出岭南民间和平宁静的生活，衬托出汉唐皇室陵寝的荒凉，寄寓了对南宋朝廷内部投降派的不满和对北方大好河山沦落的感慨，抒发了世事无常的慨叹。

②刘克庄（1187—1269）：初名灼，字潜夫，号后村居士，莆田（今属福建）人。历任枢密院编修、中书舍人、兵部侍郎等，官至龙图阁直学士。其间因弹劾宰相史嵩之而先后五次贬官。刘克庄兼擅诗、词、文，诗论也颇有影响，被视为当时文坛宗主、“中兴一大家数”。尤以诗歌影响为大，与陆游、杨万里并称“渡江三大家”，诗风豪迈奔放，雄健疏宕，一些忧时伤世之作，如《戊辰即事》《苦寒行》《军中乐》《国殇行》《北来人》《梦丰宅之》等，感情慷慨悲壮，笔锋沉雄犀利，最为精采，是江湖诗派领军人物。

③寂寂：清静冷落的样子。柴门：农家的篱笆门。

④也教：也懂得。插柳：古代寒食节有门上插柳的习俗。纪年华：门上插柳，表明又一个寒食节来到了。纪，记，标记。

⑤粤（yuè）人国：今广东、广西一带。

⑥上冢（zhǒng）：上坟祭扫。冢，坟。庞老：指东汉末隐居在湖北襄阳鹿门山上的庞德，刘表几次邀请他出山都不肯，后来清明节携全家上坟祭扫，然后到龙门山采药不返。这里是说，这儿的清明节，人们也像庞德一样携全家祭扫坟墓。

⑦汉寝唐陵：即汉唐寝陵，汉朝和唐朝帝王的陵墓。寝，古代帝王陵墓上的正殿，是祭祀的处所。麦饭：磨碎的麦煮成的饭，这里指粗糙的祭品。西汉史游编撰的《急就篇》卷二："饼饵麦饭甘豆羹。"颜师古注："麦饭，磨麦合皮而炊之也；甘豆羹，以洮米泔和小豆而煮之也；一曰以小豆为羹，不以酰酢，其味纯甘，故曰甘豆羹也。麦饭豆羹皆野人农夫之食耳。"

⑧一樽：一杯酒。藉：凭借，靠着。

⑨莫：不要。暮笳：傍晚的笳声。笳，我国古代的一种管乐器。

清　明①

黄庭坚

佳节清明桃李笑②，野田荒冢只生愁③。
雷惊天地龙蛇蛰④，雨足郊原草木柔⑤。
人乞祭余骄妾妇⑥，士甘焚死不公侯⑦。
贤愚千载知谁是⑧，满眼蓬蒿共一丘⑨。

【注释】

①宋徽宗崇宁二年（1103）四月，宋以蔡京为左相，重审“元祐学术”，令销毁三苏、黄庭坚、秦观等人文集，在各地设立“元祐奸党碑”，妄图将旧党铲尽。黄庭坚以《承天院塔记》被贬官宜州（治所在今广西宜山），十个月后，诗人谢世。诗作于崇宁二年（1103）清明节。诗运用对比手法，描绘了寒食景色，并借典故抒发了郁勃不平之情，表现了对人生丑恶的鞭挞，对社会不平的愤激。

②桃李笑：桃李开放，拟人的手法。

③荒冢（zhǒng）：荒凉的坟墓。

④龙蛇蛰（zhé）：龙蛇起动。蛰，本指动物冬眠不食不动，这里用作发蛰、起蛰讲。

⑤郊原：郊外，野外。柔：嫩。

⑥人乞祭余：形容困窘或者为牟利不择手段。典出《孟子·离娄下》：“齐人有一妻一妾而处室者。其良人出，则必餍酒肉而后反。其妻问所与饮食者，则尽富贵也。其妻告其妾曰：‘良人出，则必餍酒肉而后反，问其与饮食者，尽富贵也，而未尝有显者来，吾将瞷良人之所之也。’蚤起，施从良人之所之，遍国中无与立谈者。卒之东郭墦间，之祭者乞其余，不足，又顾而之他，此其为餍足之道也。其妻归，告其妾，曰：‘良人者，所仰望而终身也，今若此。’与其妾讪其良人，而相泣于中庭，而良人未之知也，施施从外来，骄其妻妾。”王安石《破冢》：“墦间夜半分珠玉，犹是当时乞祭人。”楼钥《题孙谷桥墦间图》：“因知义利本殊途，莫笑墦间乞祭徒。”

⑦士甘焚死：用介之推的典故。春秋时，介之推随重耳出亡，归国后不受封赏，母子隐居，晋文公下令烧山逼他出山，结果介之推焚死山中。不公侯：不做官。

⑧是：对、正确。

⑨蓬蒿（péng hāo）：野草。共一丘：同是一块土丘。

清　明①

高　翥②

南北山头多墓田③，清明祭扫各纷然④。
纸灰飞作白蝴蝶⑤，泪血染成红杜鹃⑥。
日落狐狸眠冢上，夜归儿女笑灯前。
人生有酒须当醉⑦，一滴何曾到九泉⑧。

【注释】

①诗人用对比手法，展现出清明节扫墓前后迥然不同的景象，抒发了世事皆空、及时行乐的思想，表现了诗人极为消沉的情绪。据传，明代有人因争坟地大打出手，致死人命，有位秀才将高翥的《清明》诗改换数字，便成一首绝妙的劝谏诗："南北山头争墓田，清明殴斗各纷然。衣衫撕作白蝴蝶，脑袋打成红杜鹃。日落死尸眠冢上，夜归儿女哭灯前。人生有事须当让，寸土何曾到九泉。"

②高翥（zhù，1170—1241）：原名公弼，字九万，号菊涧，余姚（今属浙江）人。幼习科举，不第即弃，以教授为业，布衣而终。他游荡江湖，专力于诗，画亦极为出名。晚年贫困潦倒，无一椽半亩，在上林湖畔搭了个简陋的草屋，因慕禽鸟信天缘习性，自署"信天巢"。与诗友唱酬为乐。高翥诗有民歌风，擅长以平易自然之句写出寻常不经意之景色，平易雅淡，脍炙人口。有《菊涧集》二十

卷，已佚。清康熙时裔孙高士奇辑为《信天巢遗稿》。

③墓田：坟地。

④祭扫：祭祖扫墓。纷然：纷纷，一群群，众多的样子。

⑤纸灰：古人用纸做成钱状，扫墓时烧化作死人的资财，纸灰为风所吹，像蝴蝶一样。

⑥泪血：用杜鹃啼血的典故。

⑦须当：应当。

⑧九泉：人死后的葬处。古人相信人死了魂归地下，其地为九泉，又称黄泉。汉阮瑀《七哀》诗："冥冥九泉室，漫漫长夜台。"唐崔珏《哭李商隐》诗："九泉莫叹三光隔，又送文星入夜台。"

郊行即事①

程　颢

芳原绿野恣行时②，春入遥山碧四围③。
兴逐乱红穿柳巷④，困临流水坐苔矶⑤。
莫辞盏酒十分劝⑥，只恐风花一片飞。
况是清明好天气，不妨游衍莫忘归⑦。

【注释】

①诗描绘了花红柳绿的郊野景色，写出诗人郊游时的畅快惬意，表现了诗人对大自然的流连忘返和惜春之情。

②恣（zì）行：尽情行走。

③遥山：远山。碧四围：绿满四野。

④兴：高兴时，游兴浓时。逐：追逐。乱红：杂乱的花，这里可理解

为繁多的花，古人常用乱表示多的意思，如“群莺乱飞”。

⑤困：与“兴”对举，困乏时。苔矶（jī）：长有青苔的石头。矶，水边突出的石头。

⑥莫辞：不要推辞。

⑦游衍：恣意游逛。《诗·大雅·板》：“昊天曰旦，及尔游衍。”毛传：“游，行；衍，溢也。”孔颖达疏：“游行衍溢，亦自恣之意也。”莫：同“暮”。

秋　千①

释惠洪②

画架双裁翠络偏③，佳人春戏小楼前④。
飘扬血色裙拖地⑤，断送玉容人上天⑥。
花板润沾红杏雨⑦，彩绳斜挂绿杨烟⑧。
下来闲处从容立⑨，疑是蟾宫谪降仙⑩。

【注释】

①诗歌用绮丽的语言描绘了佳人的衣着饰物、华美的秋千、优美的环境，盛赞女子美貌，写出了荡秋千的乐趣。

②惠洪（1071—1128）：字觉范，俗姓喻，筠州新昌（今江西宜丰）人，北宋诗僧。或谓其为“德洪”，俗姓彭。少时尝为县小吏，后得祠部牒为僧。善画梅竹。黄庭坚喜其聪慧，教之读书，后为海内名僧。其文伟俊，不类佛家语。诗长于七古。又善作小词，时作绮语，有“浪子和尚”之称。与苏轼等为方外交。有《石门文字禅》三十卷。又有《冷斋夜话》十卷，《天厨禁脔》三卷。周泳先辑其

词为《石门长短句》一卷。

③画架：装饰精美刻有花纹的秋千架。翠络：秋千上翠绿色的绳子。

④佳人：美女。戏：游戏，玩耍，即荡秋千。

⑤血色：鲜红色。

⑥断送：打发。玉容：似玉面容，借代用法，指荡秋千的美女。

⑦花板：秋千上雕花的脚踏板。红杏雨：红杏枝头的露水。

⑧绿杨烟：碧绿的杨柳树上笼罩的烟雾。

⑨闲处：秋千边，也可解释为幽静的地方，或闲时。

⑩蟾（chán）宫：月宫，传说月中有蟾蜍，故称月宫为蟾宫。谪（zhé）降仙：贬谪下凡的仙子。

曲　江 其一[1]

杜　甫

一片花飞减却春[2]，风飘万点正愁人[3]。
且看欲尽花经眼[4]，莫厌伤多酒入唇[5]。
江上小堂巢翡翠[6]，苑边高冢卧麒麟[7]。
细推物理须行乐[8]，何用浮名绊此身[9]。

【注释】

①诗题一作《曲江对酒》。作于唐肃宗乾元元年（758）暮春，杜甫时任左拾遗。此时“安史之乱”还没有结束，长安依然是一派凋敝景象，诗人游赏了曲江。诗以凄苦之语描绘了曲江暮春景象以及诗人强作旷达之状，抒发了惜春、伤春之情和无尽的愁绪。曲

江：曲江池，在长安东南，为唐时长安旅游胜地，今已干涸，故址在今陕西西安南。

②减却：减少。却，语气助词，无义。

③愁人：使人发愁。

④欲尽：花将开完。花经眼：花在眼前出现，又解作曾经欣赏过。

⑤莫厌：不要厌烦。

⑥巢翡（fěi）翠：翡翠筑巢。翡翠，一种水鸟，又名翠雀。

⑦麒麟（qí lín）：我国古代的一种瑞兽，这里指麒麟石像。

⑧推：推寻，推究。物理：万物兴衰变化的道理。行乐：作乐。

⑨浮名：一作“浮荣”，指虚名，虚幻的功名利禄。绊（bàn）此身：束缚自己。

曲　江 其二①

杜　甫

朝回日日典春衣②，每日江头尽醉归③。
酒债寻常行处有④，人生七十古来稀⑤。
穿花蛱蝶深深见⑥，点水蜻蜓款款飞⑦。
传语风光共流转⑧，暂时相赏莫相违⑨。

【注释】

①诗描写了诗人强作解愁，抒发了惜春、伤春之情，表现了诗人对世事无可奈何之后的及时行乐思想。

②朝（cháo）回：上朝回来。典：典当。

③江头：曲江头。尽：尽是，都是。

④酒债：赊欠的酒钱。寻常：平常。行处：到处。

⑤古来稀：又称古希、古稀之年，古代为七十岁的代称。

⑥蛱（jiá）蝶：蝴蝶。深深见（xiàn）：时隐时现。见，现。

⑦款款：缓慢。

⑧传语：寄语，传话。风光：春光。

⑨相违：互相分开。

黄鹤楼[1]

崔 颢[2]

昔人已乘黄鹤去[3]，此地空余黄鹤楼[4]。
黄鹤一去不复返[5]，白云千载空悠悠[6]。
晴川历历汉阳树[7]，芳草萋萋鹦鹉洲[8]。
日暮乡关何处是[9]，烟波江上使人愁[10]。

【注释】

①诗前半部分用散文句法后半部分用整饬的句法，描绘出黄鹤楼的凄清景色，抒发了思古之幽情和客子思乡的愁绪。黄鹤楼：故址在武昌黄鹤矶，背靠蛇山，相传始建于三国东吴黄武年间，传说仙人子安曾乘鹤过此，费祎在此乘黄鹤登仙而去。

②崔颢（hào，704？—754）：汴州（今河南开封）人。唐玄宗开元十一年（722）进士。开元后期曾出使河东（今山西）军幕。天宝中为尚书司勋员外郎。他的诗名很大。唐人选编的《国秀集》就收了他的《古游侠》与《黄鹤楼》等诗，中唐人还将他与王维并称。李白对他的《黄鹤楼》十分佩服。相传李白登黄鹤楼时想题诗，

当他看到崔颢这首诗后不由地赞叹道："眼前有景道不得，崔颢题诗在上头。"因而弃笔不做。宋代严羽在《沧浪诗话》中说："唐人七言律诗，当以崔颢《黄鹤楼》为第一。"早年诗多写妇女生活，虽然有浮艳之作，但大多数内容还比较健康。后来到边塞，诗风一变为慷慨豪迈。有《崔颢诗集》，《全唐诗》录其诗一卷，《全唐诗续拾》补诗五首。

③昔人：乘鹤仙人。

④空余：只剩下。

⑤不复返：不再回来。

⑥悠悠：形容年代久远。

⑦晴川：晴朗的江面，此指汉江。历历：清晰可数。汉阳：在今武昌西北。

⑧芳草萋萋（qī）：用语源自《楚辞·招隐士》："王孙游兮不归，春草生兮萋萋。"萋萋，草木茂盛的样子。鹦鹉洲：长江中的小洲，在黄鹤楼东北，传说《鹦鹉赋》的作者祢衡葬于此。

⑨乡关：家乡。

⑩烟波：气霭笼罩的江面。

旅　怀①

崔　涂②

水流花谢两无情，送尽东风过楚城③。
蝴蝶梦中家万里④，杜鹃枝上月三更⑤。
故园书动经年绝⑥，华发春催两鬓生⑦。
自是不归归便得⑧，五湖烟景有谁争⑨。

【注释】

①诗题一作《春夕旅梦》，又作《春夕旅游》、《春夕旅怀》。诗以残春景色渲染思乡愁绪，归梦未得、杜鹃夜啼进一步突出了愁绪难泯，早生的华发时刻在唤醒着难堪的迟暮之悲。旅怀：客居他乡的情怀。

②崔涂：字礼山。晚唐诗人。江南桐庐富春（今浙江富春江一带）人，唐僖宗光启年间进士，终生漂泊，久在巴蜀、湘鄂、秦陇为客，自称是“孤独异乡人”（《除夕有怀》）。工诗，诗以漂泊为题材，多羁愁别恨之作，情调抑郁苍凉。有《崔涂诗集》。《全唐诗》存诗一卷。

③楚城：泛指楚地。

④蝴蝶梦：典出《庄子·齐物论》：“昔者庄周梦为胡蝶，栩栩然胡蝶也。自喻适志与，不知周也。俄然觉，则蘧蘧然周也。不知周之梦为胡蝶与？胡蝶之梦为周与？周与胡蝶则必有分矣。此之谓物化。”这里泛指梦。

⑤杜鹃：鸟名，声音似“不如归去”，听到杜鹃啼叫声，诗人思乡的心情更为急切。

⑥故园：家乡。书：书信。动：动辄，每每。经年：常年。绝：音信断绝。

⑦华发：花白头发。

⑧自是：本来是。归便得：要回去就可以回去。

⑨五湖：旧称滆湖、洮湖、射湖、贵湖、太湖为五湖，泛指太湖一带。春秋时期范蠡辅佐越王勾践成就霸业后，功成身退，泛舟五湖。烟景：风烟景物。

答李儋①

韦应物

去年花里逢君别②，今日花开又一年。
世事茫茫难自料，春愁黯黯独成眠③。
身多疾病思田里④，邑有流亡愧俸钱⑤。
闻道欲来相问讯⑥，西楼望月几回圆⑦。

【注释】

①诗题一作《答李儋（dān）元锡》，又作《寄李儋元锡》。诗作于唐德宗兴元元年（784）春。唐德宗建中四年（783）暮春入夏时节，韦应物从尚书比部员外郎调任滁州刺史，离开长安，秋天到达滁州任所。李儋时任殿中侍御史，在长安与韦应物分别后，曾托人问候。次年春天，韦应物写了这首诗寄赠。诗以平淡的语言写出动荡不安的时局和对民生疾苦的同情以及自己的孤独寂寞，真切地企望友人的来访。李儋：字元锡，唐朝宗室，甘肃武威人，曾官殿中侍御史，韦应物的好友，两人的唱和诗很多。一说李儋、元锡为二人。元锡，河南洛阳人，字君贶，元挹之子，贞元十一年为协律郎、山南西道节度推官。元和中，历任苏州刺史，福建、宣歙观察使，授秘书监分司，以贪赃贬官壁州，后除淄王傅。

②花里：花开季节，春季。

③黯黯（àn）：黯然，沮丧的样子。

④思田里：思念故乡，这里含有盼望归隐的意思。

⑤邑（yì）：城市，这里指苏州。愧俸钱：愧对官俸。

⑥闻道：听说。问讯：探望。

⑦西楼：观风楼。

江　村[1]

杜　甫

清江一曲抱村流[2]，长夏江村事事幽[3]。
自去自来梁上燕[4]，相亲相近水中鸥[5]。
老妻画纸为棋局[6]，稚子敲针作钓钩[7]。
多病所须惟药物[8]，微躯此外更何求[9]。

【注释】

①诗作于唐肃宗上元元年（760）夏成都浣花溪畔。诗通过描写燕子来去自由、鸥鸟无猜、妻子画纸为棋盘和儿子做钓钩等表现出浣花溪生活的惬意自适，而末句含蓄地流露出怅然之意。

②江：锦江，岷江的支流，在成都西郊的一段又叫浣花溪。抱：环抱，绕着。

③幽：幽静，安闲。

④自去自来：来去随意的样子。

⑤相亲相近：形容鸥鸟融洽亲近的样子。

⑥棋局：棋盘。

⑦稚（zhì）子：幼子。

⑧须：需要。惟：只是。

⑨微躯：微贱的身体，诗人谦称。

夏 日①

张 耒②

长夏江村风日清③，檐牙燕雀已生成④。
蝶衣晒粉花枝舞⑤，蛛网添丝屋角晴。
落落疏帘邀月影⑥，嘈嘈虚枕纳溪声⑦。
久斑两鬓如霜雪⑧，直欲樵渔过此生⑨。

【注释】

①诗用工笔细描的手法，描绘出夏日江村清幽美丽的景色，表达了对大自然的欣赏和归隐生活的自得之乐。

②张耒（lěi，1054—1114）：宋代诗人，字文潜，号柯山，楚州淮阴（今属江苏）人。祖籍亳州谯县（今安徽亳州），苏门四学士之一。宋神宗熙宁六年（1073）进士。历任秘书省正字、著作郎、起居舍人，后世因称“张右史”。因入“元祐党籍”移宣州，再贬监黄州酒税。崇宁五年（1106）放还赋闲，寓居陈州（今河南淮阳）至终。陈地古名宛丘，因此世称“宛丘先生”。张耒安置黄州时居东柯山西麓，因号柯山。苏轼称其文“汪洋淡泊，有一唱三叹之声”。诗风平易流丽，颇有白居易、张籍、王建之风。有《柯山集》五十卷，《拾遗》十二卷，《续拾遗》一卷，《张右史文集》六十卷，《宛丘集》七十六卷。

③清：清爽，晴朗。

④檐（yán）牙：屋檐，因边缘呈牙齿状得名。

⑤蝶衣：蝴蝶翅膀。晒粉：晒翅膀上的粉。

⑥落落：稀疏的样子。邀月影：月影透过帘子，好像受邀请而来，拟人的手法。陈文瑛《盆梅》："赖君邀月影，使我涤尘襟。"
⑦嘈嘈（cáo）：流水声。虚枕：空心的枕头。纳溪声：枕边传来了流水声。
⑧久斑：早已斑白。
⑨直欲：真想，真愿意。樵（qiáo）渔：砍柴打鱼，借指归隐。

辋川积雨①

王　维

积雨空林烟火迟②，蒸藜炊黍饷东菑③。
漠漠水田飞白鹭④，阴阴夏木啭黄鹂⑤。
山中习静观朝槿⑥，松下清斋折露葵⑦。
野老与人争席罢⑧，海鸥何事更相疑⑨。

【注释】

①诗为《辋（wǎng）川集》之一。诗题《王右丞集》作《积雨辋川庄作》。王维自唐玄宗天宝三载（744）至十五载（756）前后常居于辋川，作《辋川集》，期间与裴迪诗相往来。诗描绘出辋川雨后清幽的景色，表现了诗人隐居山林、脱离尘俗的闲情雅致，抒发了对幽静景色的喜爱，对宦海生活的厌倦。辋川：在今陕西蓝田南二十里，水出终南山辋谷，北流入霸水。诗人在此有辋川别墅。积雨：久雨。
②烟火迟：烟火缓缓地上升。雨后空气湿度大，气压低，又无风，烟火升得慢。
③藜（lí）：一种野菜，又名灰菜。黍：黍子，黄米。饷（xiǎng）：送饭。东菑（zī）：东边耕作者。菑，初耕的田地。

④漠漠：辽阔无边的样子。次联由李嘉祐“水田飞白鹭，夏木啭黄鹂”点化而来，使画面更开阔，色彩更明丽，所塑造意境对后世影响很大。如洪适《蝶恋花》：“漠漠水田飞白鹭。夏木阴阴，巧啭黄鹂语。”张炎《壶中天》：“忽来诗思，水田飞下白鹭。”罗志让《秋感》：“鸿雁远传霜信至，鹭鸶低傍水田飞。”

⑤阴阴：阴暗潮湿。夏木：夏天的树木。

⑥习静：习惯于幽静的环境。朝槿（jǐn）：即木槿。花朝开暮落，故常用以喻事物变化之速或时间的短暂。

⑦清斋：素食。露葵：带有露水的葵菜。

⑧野老：居于郊野的人，诗人自称。争席罢：不再争座次，指争名夺利的官场中生活已经结束。争席，典出《庄子·寓言》，阳子见老子，“其返也，舍者与之争席”。

⑨海鸥：典出《列子·黄帝》。有海边好鸥者，每天与海鸥相亲。后其父要捉海鸥来玩，第二天，海鸥再也不与他亲近了。

新　竹①

陆　游②

插棘编篱谨护持③，养成寒碧映涟漪④。
清风掠地秋先到⑤，赤日行天午不知⑥。
解箨时闻声簌簌⑦，放梢初见影离离⑧。
归闲我欲频来此⑨，枕簟仍教到处随⑩。

【注释】

①诗题一作《东湖新竹》。这首咏物诗突出描绘了新竹夏日给人带

来的清爽感受以及竹笋成长的勃勃生机，流露出诗人的欣喜之情以及对官场生活的厌倦。

②陆游（1125—1210）：字务观，号放翁。越州山阴（今浙江绍兴）人。南宋“中兴四大诗人”之一。二十九岁时赴试，因名次居于秦桧孙子之前，被除名。淳熙五年（1178）春，陆游诗名日盛，孝宗派他到福州、江西提举常平茶盐公事，后任严州（今浙江建德）知州。淳熙十五年（1188），卸职还乡。不久，被召赴临安任军器少监。次年，改任朝议大夫礼部郎中。他谏劝朝廷力图大计，被再度罢官。他将书室命名为“老学庵”，以坐拥书城为乐。有《剑南诗稿》、《渭南文集》、《老学庵笔记》等。

③谨：小心。护持：卫护。

④寒碧：本指碧玉，因为碧玉晶莹带有凉意，所以称为寒碧；这里用来比喻新竹。涟漪（lián yī）：水纹，这里指微波荡漾的水面。

⑤掠地：吹拂地面。秋先到：因为新竹的清爽，使得主人提前领略到秋天的凉爽。

⑥赤日：烈日。

⑦解箨（tuò）：脱去笋壳。箨，笋壳。钱起《谢张法曹万顷小山暇景见忆》：“解箨雨中竹，将雏花际禽。”簌簌（sù）：象声词。

⑧放梢：发枝长杈，枝梢伸展开。离离：竹影纵横交错的样子。

⑨归闲：回乡闲居。频：多次。

⑩枕簟（diàn）：枕头与竹席。

表兄话旧[①]

窦叔向[②]

夜合花开香满庭[③],夜深微雨醉初醒。
远书珍重何由达[④],旧事凄凉不可听[⑤]。
去日儿童皆长大[⑥],昔年亲友半凋零[⑦]。
明朝又是孤舟别,愁见河桥酒幔青[⑧]。

【注释】

①诗题一作《夏夜宿表兄话旧》。诗以婉丽凄清的语言,将乱后相逢的人间亲情、人生感慨、暂聚还别的惆怅,在凄凉的氛围中娓娓道来。

②窦(dòu)叔向:字遗直,唐代扶风(今陕西凤翔)人。官终工部尚书。窦叔向工五言,名冠时辈。集七卷,今存诗九首。有五子,群、常、牟、庠、巩,皆工词章,有《联珠集》行于时,窦叔向亦以子而闻名当世。

③夜合:即合欢,落叶乔木,叶似槐叶,昼开暮合。

④远书:远方亲人的来信。何由达:何曾达到。何由:一作“何曾”。达:一作“答”。

⑤旧事:往事。不可听:听不下去。

⑥去日:昔日,往日。

⑦凋(diāo)零:本指草木凋落,引申为人的死亡。

⑧酒幔(màn):酒旗。

偶成①

程颢

闲来无事不从容②，睡觉东窗日已红③。
万物静观皆自得④，四时佳兴与人同。
道通天地有形外⑤，思入风云变态中。
富贵不淫贫贱乐⑥，男儿到此是豪雄⑦。

【注释】

①诗歌描绘出诗人作为一位理学大师潜心治学的闲适生活以及体验到世间真知的快乐，表现了诗人的价值观。

②闲来：闲时。从容：悠闲舒适，不慌不忙。

③睡觉：一觉醒来。

④万物：天地间的事物。静观：静静地观察。

⑤道：我国古代的一个基本哲学概念，是超乎具体形体以外的范畴，大致相当于道理、真理。《易·系辞上》：“形而上者谓之道，形而下者谓之器。”通：贯通。

⑥富贵不淫贫贱乐：语出《孟子·滕文公下》：“富贵不能淫，贫贱不能移，威武不能屈，此之谓大丈夫。”《论语·雍也》：“一箪食，一瓢饮，在陋巷，人不堪其忧，回也不改其乐。”意思是说富贵不能乱志，贫贱之中仍然怡然其乐。

⑦到此：到达这个境界。豪雄：英雄豪杰。

游月陂[1]

程　颢

月陂堤上四徘徊[2]，北有中天百尺台[3]。
万物已随秋气改，一樽聊为晚凉开[4]。
水心云影闲相照，林下泉声静自来[5]。
世事无端何足计[6]，但逢佳节约重陪[7]。

【注释】

①这是首富含哲理意味的记游诗，描绘了秋声、秋色、秋云及世事诸方面，抒发了闲适达观、物我相悦的情怀。月陂（bēi）：陂名，地址不详。陂，水池。

②四徘徊（pái huái）：四顾徘徊，来回走动。

③中天：半空中，形容台高。

④樽（zūn）：一种盛酒的器具。聊：暂且。

⑤林下：树林之下。本指清幽处所，常指代隐居所在。

⑥无端：没有头绪，没有定准。何足计：不值得计较。

⑦但：只要。约：邀请。重陪：再来相陪。

秋　兴　其一①

杜　甫

玉露凋伤枫树林②，巫山巫峡气萧森③。
江间波浪兼天涌④，塞上风云接地阴⑤。
丛菊两开他日泪⑥，孤舟一系故园心⑦。
寒衣处处催刀尺⑧，白帝城高急暮砧⑨。

【注释】

①唐代宗大历元年（766）秋，杜甫流寓夔州（奉节），因秋而兴家国身世之感，作《秋兴》八首。这首诗写出巫山巫峡一带萧瑟阴晦的秋日景象，抒发了诗人孤独漂泊的思乡之情和对国家时局的忧心忡忡。秋兴：借秋天的景物抒发情怀。

②玉露：白露，霜。凋（diāo）伤：摧残，使草木衰败，枝叶凋零。

③巫山巫峡：泛指夔州一带长江和两岸山峦。萧森：萧瑟阴森，形容深秋景色凄冷。

④兼天涌：连天涌起，形容波浪滔天的水势。

⑤塞（sài）上：边关险要的地方，这里指夔州地处边远，山势险要。地阴：地面的阴暗气象。

⑥丛菊两开：两次见到菊花开放，即过了两个年头。开，开放。他日：往日。

⑦一系：永系。

⑧催刀尺：催人赶制冬衣。

⑨白帝：白帝城，在今重庆奉节城外临长江的山上，为三国时刘备

托孤之处。暮砧（zhēn）：黄昏时的捣衣声。

秋　兴 其三①

杜　甫

千家山郭静朝晖②，日日江楼坐翠微③。
信宿渔人还泛泛④，清秋燕子故飞飞⑤。
匡衡抗疏功名薄⑥，刘向传经心事违⑦。
同学少年多不贱⑧，五陵裘马自轻肥⑨。

【注释】

①诗歌表现晨曦中的夔州虽然秋色清明、江色宁静，并没有给诗人带来内心的平静，诗人回顾往昔，慨叹诸事不遂愿。

②山郭：靠山的城郭。静：安静，静穆。朝晖（huī）：早晨的眼光。

③翠微：青绿的山色。

④信宿（sù）：再宿，连宿两夜。古代称一宿为宿，二宿叫次，二次以上叫信。还泛泛：仍在水上漂浮。

⑤清秋：深秋。飞飞：飞动的样子。

⑥匡（kuāng）衡抗疏：汉元帝时匡衡多次上疏，议论朝政，升光禄大夫、太子少傅。这里诗人慨叹自己任左拾遗时上书救房琯，结果遭贬。

⑦刘向传（chuán）经：汉宣帝时，刘向奉命传授《穀梁传》，在石渠阁讲论五经（《诗经》、《尚书》、《礼》、《易》、《春秋》，五部儒家经典著作），汉成帝时又点校内府五经。这里诗人以刘向自比，感叹自己虽有传授经书、辅佐朝廷的愿望，但往往事与愿违，反而被朝廷疏远。

⑧不贱：显贵。贱，贫贱。

⑨五陵：长安北郊五座汉代帝王陵墓，即长陵、安陵、阳陵、茂陵、平陵，汉代每建一座陵墓，都将各地豪族外戚迁到附近。轻肥：轻裘肥马，豪贵生活。

秋　兴 其五①

杜　甫

蓬莱宫阙对南山②，承露金茎霄汉间③。
西望瑶池降王母④，东来紫气满函关⑤。
云移雉尾开宫扇⑥，日绕龙鳞识圣颜⑦。
一卧沧江惊岁晚⑧，几回青琐点朝班⑨。

【注释】

①诗人借回忆往昔写愁绪。长安宫殿巍峨壮观、早朝场面庄严肃穆、自己的得识龙颜，一切都曾那么美好，而如今这些追忆只能徒增无尽的烦恼。

②蓬莱：宫殿名，唐高宗龙朔二年（662），修大明宫，改名蓬莱宫。宫阙（què）：宫殿。阙，皇宫城门前的亭子。南山：终南山，主峰在长安以南。

③承露金茎（jīng）：汉武帝时建的金茎承露盘，在长安建章宫西，这里借汉宫比拟唐宫。霄汉间：形容极高。

④瑶（yáo）池：神话传说中西王母所居之处，在昆仑山上。

⑤紫气：祥瑞之气。《列仙传》记载，老子西游函谷关，有紫气笼罩。函关：函谷关，在今河南灵宝附近。

⑥云移：宫扇像云彩一样缓缓移动。雉（zhì）尾：雉尾扇，一种用野

鸡尾羽做成的宫中仪仗。

⑦日绕龙鳞：皇帝的龙袍，上有龙浮江海、旭日东升图像。也可理解为皇帝的龙袍光彩夺目，如日光缭绕。圣颜：皇帝的面容。

⑧沧江：长江。岁晚：秋天，暗指自己已近晚年。

⑨青琐（suǒ）：宫门上刻着连琐，有纵横交错的花纹，涂以青色，所以叫青琐，这里借指朝房。点朝（cháo）班：上朝点名，依次入班。

秋　兴　其七①

杜　甫

昆明池水汉时功②，武帝旌旗在眼中③。
织女机丝虚夜月④，石鲸鳞甲动秋风⑤。
波飘菰米沉云黑⑥，露冷莲房坠粉红⑦。
关塞极天惟鸟道⑧，江湖满地一渔翁⑨。

【注释】

①诗人回忆昆明池的景象，展示了唐朝当年强大的国力、壮丽的景物和富饶的物产，抒发了诗人的孤独寂寥和忧国之思。

②昆明池：汉武帝为增强水军力量，于元狩三年（前120）在长安城西仿照云南昆明滇池，凿池训练水师，所以叫昆明池。

③武帝：汉武帝刘彻，这里指唐玄宗。

④织女：昆明池有牛郎、织女的石雕像，分别在池的东西侧。虚夜月：昆明池畔的织女不能纺织，虚度月光照耀的秋夜。

⑤石鲸：昆明池中玉石雕刻的鲸鱼。《西京杂记》载："昆明池刻玉石为鲸鱼，每至雷雨常鸣吼，鬐（qí）尾皆动。"动秋风：石刻鲸鱼形

象逼真，好像在秋风里摆动。

⑥菰（gū）米：又称雕胡、茭白，生水中，秋季结实，色白而滑。

⑦莲房：莲蓬。

⑧关塞（sài）：险隘关口，指夔州。极天：形容极高。鸟道：只有鸟可以飞过去的道路，指险峻狭窄的山路。唐李白《蜀道难》诗："西当太白有鸟道，可以横绝峨眉巅。"

⑨江湖满地：形容漂泊在无穷无尽的江湖上，无所归宿。渔翁：诗人自称。

黄岩舟中①

白玉蟾

满船明月浸虚空②，绿水无痕夜气冲③。
诗思浮沉樯影里④，梦魂摇曳橹声中⑤。
星辰冷落碧潭水，鸿雁悲鸣红蓼风⑥。
数点渔灯依古岸⑦，断桥垂露滴梧桐⑧。

【注释】

①《千家诗》原署"戴复古《月夜舟中》"，据《唐宋时贤千家诗选》改。诗描绘了月夜泛舟时见到的凄清冷寂的秋景，表现了诗人孤独悲凉的愁思。

②浸虚空：月色笼罩天空。浸，淹润，笼罩。

③绿水无痕：形容水清浪平。冲：弥漫。

④诗思：诗歌创作过程中的情思。浮沉：隐现。樯（qiáng）影：帆影。

⑤橹（lǔ）：船桨。摇曳（yè）：摇摆不定。

⑥红蓼（liǎo）风：红蓼花开时的风，指秋风。蓼，一种草本植物，花小，红色或白色，生长在水中或水边。韦庄《独鹤》：“夕阳滩上立裴回，红蓼风前雪翅开。”

⑦渔灯：渔船上的灯火。

⑧断桥：残破的桥。非杭州西湖名胜。

长安秋望①

赵 嘏

云物凄凉拂曙流②，汉家宫阙动高秋③。
残星几点雁横塞④，长笛一声人倚楼。
紫艳半开篱菊静⑤，红衣落尽渚莲愁⑥。
鲈鱼正美不归去⑦，空戴南冠学楚囚⑧。

【注释】

①诗题一作《长安秋夕》，又作《长安秋晚》。唐文宗大和初年（827），诗人客游浙东，后至宣城，数应举，不第。诗作于赵嘏滞留长安未第时。诗通过描绘长安拂晓的凄清秋色，运用典故，抒发了诗人孤寂怅惘的愁思和对田园生活的向往。

②云物：云雾。拂曙（shǔ）：拂晓，天刚亮。流：流动，指拂晓的光亮在逐渐延伸。

③汉家宫阙（què）：借汉喻唐，指唐代的宫殿。动高秋：巍然耸立的宫殿，似乎触动了高高的秋空。

④残星：晨星，因为天色将亮，星辰已经稀疏黯淡，所以称为残星。雁横塞（sài）：雁飞过边塞。横，度，越过。

⑤紫艳：艳丽的紫色菊花。

⑥红衣：这里指红色的莲花瓣。渚（zhǔ）：水中的小块陆地。

⑦鲈（lú）鱼正美：《世说新语·鉴识篇》载，晋时吴郡（今江苏苏州）张翰在洛阳做官，一次见秋风起，便想起家乡鲈鱼莼羹正是味美时候，便弃官而归，后被传为归隐美谈。这里流露出思乡心切。

⑧南冠：囚犯，用楚国钟仪囚于晋国的典故，表现身不由己，难以归乡。《左传·成公九年》："晋侯观于军府，见钟仪，问之曰：'南冠而絷者，谁也？'有司对曰：'郑人所献楚囚也。'"唐骆宾王《在狱咏蝉》："西陆蝉声唱，南冠客思侵。"

新　秋①

杜　甫

火云犹未敛奇峰②，攲枕初惊一叶风③。
几处园林萧瑟里④，谁家砧杵寂寥中⑤。
蝉声断续悲残月，萤焰高低照暮空⑥。
赋就金门期再献⑦，夜深搔首叹飞蓬⑧。

【注释】

①这首诗大约作于唐肃宗上元二年（761），这年八月杜甫寓居成都西郊草堂。诗人从细处着笔，通过落叶惊风、砧杵声起、蝉鸣渐细等物候变化写出秋意的悲凉，抒发了迟暮之心与身世飘零之感。新秋：初秋。

②火云：彩云，一说是火烧云，也可理解为夏季炽热的云彩。

③攲（qī）：倾斜，斜靠着。一叶风：传说立秋时节，梧桐就要落下地

一片叶子，后人用此指代秋风。

④萧瑟（xiāo sè）：树木为秋风吹拂所发出的声音。

⑤砧（zhēn）杵（chǔ）：捣衣具。砧，捣衣石。杵，捣衣棒。寂寥（liáo）：寂静无声。

⑥萤焰：萤火。

⑦金门：汉代宫殿门，又叫金马门。汉武帝得大宛马，命人铸铜像，立于鲁班门外，所以称作金马门。汉代征召来的人中才能优异者，令待诏金马门。这里是说，想献策于朝廷，以求仕进，建功立业。

⑧搔（sāo）首：以手搔头。飞蓬：指枯后根断遇风飞旋的蓬草，比喻自己漂泊的身世。

中　秋①

李　朴②

皓魄当空宝镜升③，云间仙籁寂无声④。
平分秋色一轮满⑤，长伴云衢千里明⑥。
狡兔空从弦外落⑦，妖蟆休向眼前生⑧。
灵槎拟约同携手⑨，更待银河彻底清⑩。

【注释】

①诗描绘了中秋千里月明、碧空澄澈、万籁无声的景象，运用神话传说，表现了要以天下为己任的思想感情和除恶务尽的决心。

②李朴（1063—1127）：字先之，人称章贡先生，兴国（今属江西）人。宋哲宗绍圣元年进士，任国子监教授，为官敢于直言，不惧权奸。宋高宗即位后，任秘书监。有才名，善诗歌，有著作《章贡

集》传世。李朴父子兄弟一门七进士，均以理学诗文见称。

③皓（hào）魄：月亮。魄，古人称月光初生或将灭时的微光。

④仙籁（lài）：仙境的声音。

⑤平分秋色：八月十五正值秋季之半，所以说平分秋色。也可理解为月与大地平分它的光亮。

⑥云衢（qú）：云海中月亮运行的轨迹。衢，四通八达的道路。

⑦狡（jiǎo）兔：传说月中捣药的白兔，据说它可以使月亮生光。弦：农历初七八，月亮缺上半部分，叫上弦月；二十二三，缺下半部分，叫下弦月。

⑧妖蟆（má）：传说中的月里蟾蜍，能食月，使月亮产生圆缺变化，如方岳《八月十四月食中秋遂无月》："妖蟆不为中秋地，老兔先奔昨夜寒。"

⑨灵槎（chá）：仙槎。槎，木筏。传说海与天河相通，汉时有人乘槎去天河，与牛郎织女相遇。拟约：打算邀请。

⑩更待银河彻底清：用比喻的修辞手法，表达了对清平政治的渴望。

九日蓝田会饮①

杜　甫

老去悲秋强自宽②，兴来今日尽君欢③。
羞将短发还吹帽④，笑倩旁人为正冠⑤。
蓝水远从千涧落⑥，玉山高并两峰寒⑦。
明年此会知谁健⑧，醉把茱萸仔细看⑨。

【注释】

①诗题一作《九日蓝田崔氏庄》。大约作于乾元元年（758）九月九日，当时，杜甫因房琯事被贬华州司功参军，在华州受崔氏邀请，在蓝田的崔氏庄小憩。诗以乐景写哀情，以壮语写悲情，展示了诗人强作欢颜的情形，抒发了诗人迟暮之心、悲秋之感、宦海浮沉之悲。九日：九月九日，重阳节。

②强（qiǎng）自宽：勉强地自我宽慰。

③兴（xìng）：兴致。尽君欢：尽情与你欢乐。

④羞将短发：因为头发短而不好意思。吹帽：典出《晋书·孟嘉传》。重阳节时，东晋大将桓温在龙山宴集同僚官佐属吏，参军孟嘉的帽子被风吹落而不自知，桓温命孙盛写文章嘲笑他，而孟嘉神情自若，一时传为美谈。

⑤倩：请。正冠（guān）：把帽子端正。

⑥蓝水：蓝田溪谷里的水。

⑦玉山：蓝田山，因盛产玉，又称玉山。蓝田山与华山很近，所以说“高并两峰”。

⑧此会：这样的聚会。健：健康，健在。

⑨把：持，拿。茱萸（zhū yú）：一种植物，有浓烈香味，旧时风俗，每逢重阳节佩茱萸、饮菊花茶，据说可以消灾灭祸，延年益寿。

秋　思①

陆　游

利欲驱人万火牛②，江湖浪迹一沙鸥③。
日长似岁闲方觉④，事大如天醉亦休⑤。

砧杵敲残深巷月，梧桐摇落故园秋⑥。
欲舒老眼无高处⑦，安得元龙百尺楼⑧。

【注释】

①诗人以沙鸥自喻，表现了自己的落落寡合，既痛恨世人为利欲所驱使，又不满于自己的闲适，抒发了报国无门的痛苦。

②利欲：追求利禄的欲望。驱人：驱使人。万火牛：战国时燕、齐交战，燕攻破齐国七十多座城池，只有莒、即墨没有攻破。齐将田单在牛角上捆绑利刃，牛尾纵火，使牛冲向燕国，大败燕国，保全了齐国。这里是说利欲可以使人疲于奔命，无所顾忌。

③浪迹：到处漂泊，行踪不定。

④日长似岁：度日如年。方：才会，才能。觉：觉察，意识到。

⑤休：完结，忘却。

⑥"砧杵（zhēn chǔ）"以下两句：写深巷月光下砧杵声不停，给人一种凄惨的感觉，下句写看到桐树叶子飘落，心里不由自主地产生思乡的愁绪。砧杵，捣衣石和棒槌。亦指捣衣。摇落，凋残，零落。

⑦舒：舒展。

⑧安得：哪里能够。元龙：即陈登，字元龙，三国时魏人。百尺楼：《三国志·魏书·陈登传》载，陈登曾任广陵太守，为人豪放不羁，客至，常自上大床卧，使客人睡下床。一日，刘备、许汜在刘表处品评人物，许汜对陈登有所贬词。刘备说："君有国士之名，今天下大乱，帝主失所，望君忧国忘家，有救世之意。而君求田问舍，言无可采，是元龙所讳也，何缘当与君语！如小人，欲卧百尺楼上，卧君于地，何但上下床之间耶？"

与朱山人[1]

杜 甫

锦里先生乌角巾[2]，园收芋栗未全贫[3]。
惯看宾客儿童喜，得食阶除鸟雀驯[4]。
秋水才深四五尺，野航恰受两三人[5]。
白沙翠竹江村暮，相送柴门月色新[6]。

【注释】

①诗题一作《南邻》，约作于唐肃宗上元三年（762）。时杜甫居住在成都浣花草堂，南邻有朱山人朱希真。诗通过幽静的环境衬托出朱山人与世无争的美好品德，山人月夜相送的场景显示了隐居生活的纯朴自然。

②锦里：锦江附近。乌角巾：一种隐士常戴的黑色头巾。

③芋栗（yù lì）：芋头和栗子。未全贫：不算是很贫困，暗指朱希真安贫乐道。

④阶除：台阶。驯：驯服。

⑤野航：野外水道里航行的船只。恰受：刚刚能够承受。

⑥月色新：月亮刚出来。

闻笛[1]

赵嘏

谁家吹笛画楼中[2]，断续声随断续风[3]。
响遏行云横碧落[4]，清和冷月到帘栊[5]。
兴来三弄有桓子[6]，赋就一篇怀马融[7]。
曲罢不知人在否[8]，余音嘹亮尚飘空[9]。

【注释】

①本诗不见于《全唐诗》赵嘏集中，《分门纂类唐宋时贤千家诗选》卷十八署名刘后村，但也不见于《后村居士诗》，《全宋诗》未收，作者待考。这首诗用拟人、夸张、通感、典故等多种手法生动形象地描绘出听笛的音乐感受，赞扬吹笛人技艺高超。

②画楼：装饰精美的楼。

③断续：断断续续。

④响遏（è）行云：《列子·汤问》："（秦青）抚节悲歌，声震林木，响遏行云"形容笛声响彻云霄，阻挡住了流动的云彩。遏，阻止。碧落：碧空，天空。

⑤清和冷月：清冷柔和的月色。帘栊（lóng）：泛指门窗的帘子。

⑥三弄：三支曲子。弄，乐曲称作弄。桓（huán）子：指东晋桓伊，善音乐。据《世说新语·任诞》载，王子猷听说桓伊善吹笛，而不相识。王在船中，适逢桓在岸上，就请为他吹笛。桓伊就下车，据胡床，为做三调，吹毕上车而去。两人不作一言。相传《梅花三弄》就是依据他的"三调"改编的。

⑦马融：东汉人，字季长，才学博洽，善鼓琴，好吹笛，著有《长笛赋》。

⑧曲（qǔ）罢：曲终。

⑨尚：还。

冬　景①

刘克庄

晴窗早觉爱朝曦②，竹外秋声渐作威③。
命仆安排新暖阁④，呼童熨贴旧寒衣⑤。
叶浮嫩绿酒初熟⑥，橙切香黄蟹正肥⑦。
蓉菊满园皆可羡⑧，赏心从此莫相违⑨。

【注释】

①诗题一作《晚秋》，由“竹外秋声渐作威”可知吟咏的是晚秋初冬景物。诗用白描的手法写晚秋早冬景象，在毫无萧瑟的景致中表现了诗人的达观自适、随物化迁的思想感情。

②觉：睡醒。朝曦（xī）：早晨的阳光。

③秋声：秋天自然界的声响。渐作威：逐渐猛烈。

④仆：仆人。暖阁：设炉取暖的楼阁。

⑤熨（yù）贴：把衣服熨平。

⑥叶浮嫩绿：比喻新酒酒色像嫩绿的竹叶浮在上面那样鲜绿清亮。

⑦橙切香黄：比喻初冬的螃蟹正肥，煮熟以后像刚切开的橙子那样鲜黄甘美。

⑧蓉菊：木芙蓉、菊花。可羡：值得玩赏。

⑨赏心：畅快的心情。

冬　至①

杜　甫

天时人事日相催②，冬至阳生春又来③。
刺绣五纹添弱线④，吹葭六管动飞灰⑤。
岸容待腊将舒柳⑥，山意冲寒欲放梅⑦。
云物不殊乡国异⑧，教儿且覆掌中杯⑨。

【注释】

①诗题一作《小至》。小至，又称小冬日，冬至前一天。诗作于唐代宗大历元年（766），时杜甫流寓夔州。诗写冬至阳生春将来的种种情形，表现了诗人因节令变化而产生的喜悦和对美好前景的憧憬。

②天时人事：自然界的时序与人世间的事情。

③冬至：节令名，一般在阴历十一月间，此节过后，逐渐日长夜短。阳生：阳气上升。

④五纹：花纹。添弱线：据《唐杂录》载，唐代宫中根据日影长短安排纺织工作量，冬至后，日晷渐长，比常日增一线的工作量。弱线，细丝。

⑤吹葭（jiā）六管：古代预测节令，将芦苇茎中的薄膜制成灰，放在十二乐律的玉管中，将玉管放在木案上，到了某一节气，相应律管内的灰就会自动飞出。六管，十二节气中的六律、六玉管。

⑥岸容：河边的物色。腊：腊月。舒柳：柳树将发新芽，舒展枝条。

⑦冲寒：迎着寒气，冲破寒气。

⑧云物：景物。乡国：故乡。

⑨覆：倾，倒。

梅　花①

林　逋②

众芳摇落独暄妍③，占尽风情向小园④。
疏影横斜水清浅，暗香浮动月黄昏⑤。
霜禽欲下先偷眼⑥，粉蝶如知合断魂⑦。
幸有微吟可相狎⑧，不须檀板共金樽⑨。

【注释】

①诗题一作《山园小梅》，原作二首，此选一。这首咏物诗从多方面写梅花神韵。首联写梅花凌寒独放，风光无限；颔联写其疏朗俊健之形与香气袭人；颈联用禽鸟作衬托；尾联写吟赏之乐。自林逋《山园小梅》诗一出，咏梅之风日盛，如宋代文坛上的几位大家欧阳修、苏轼、王安石、陆游、辛弃疾、杨万里、梅尧臣等，都纷纷写咏梅诗词。苏轼甚至还把林逋的这首诗，作为咏物抒怀的范例让其子苏过模仿。随着咏梅风气的盛行，林逋之名与孤山梅花也热了起来，故明诗人王猗有“只因误识林和靖，惹得诗人说到今”之句。

②林逋（bū，967—1028）：北宋诗人，字君复，宁波奉化黄贤村人。后人称其为“和靖先生”。出生于儒学世家，早年曾游历于江淮等地，四十多岁后隐居于杭州西湖孤山之下。据传足不出户，终

生未娶，以植梅养鹤为乐，称“梅妻鹤子”。今杭州西湖的小孤山有许多梅花，有放鹤亭及林逋墓。

③众芳：百花。暄妍（xuān yán）：原指天气和暖，景物明媚，这里形容梅花鲜艳夺目。

④风情：风采，风光。

⑤“疏影”以下两句：是林逋化用五代南唐诗人江为“竹影横斜水清浅，桂香浮动月黄昏”而来，由原作咏竹、咏桂转而吟咏梅花神韵，从此“暗香疏影”就成为梅的代名词，相关词语频频出现于文学作品中，如晏几道《诉衷情》：“暗香浮动，疏影横斜，几处溪桥。”李复《观梅》：“苦无疏影横斜句，深愧林逋处士诗。”赵希融《赋玉岩》：“至今疏影横斜句，人与梅花其清癯。”疏影，梅花疏朗的影子。暗香，幽香，清香。黄昏，形容月色朦胧。

⑥霜禽：冷天的鸟。偷眼：偷看。

⑦合：应该。断魂：痴痴呆呆，丧魂落魄的样子。

⑧微吟：轻声念新作的诗。狎（xiá）：彼此接近。

⑨檀（tán）板：演奏音乐用的檀木拍板，这里借指音乐。共：与。金樽（zūn）：珍贵的酒杯，这里借指美酒。

自　咏①

韩　愈

一封朝奏九重天②，夕贬潮阳路八千③。
本为圣明除弊政④，敢将衰朽惜残年⑤。
云横秦岭家何在⑥，雪拥蓝关马不前⑦。
知汝远来应有意⑧，好收吾骨瘴江边⑨。

【注释】

①诗题一作《左迁至蓝关示侄孙湘》，作于唐宪宗元和十四年（819）。当年正月，宪宗派人到凤翔（今陕西境内）法门寺迎接佛骨入宫供养，韩愈上《论佛骨表》劝谏，触怒宪宗，被贬为潮州（今广东潮阳一带）刺史。这首诗作于赴潮州途中。诗写出被贬官的原因和地点、获罪之速、获罪之重，委婉地写出诗人一心为国却遭贬谪的愤激，表达了为国除弊的决心。

②封：奏章，呈给皇帝的意见书，即《论佛骨表》。朝（zhāo）奏：早晨向皇帝上的奏书。九重（chóng）天：这里指皇帝。

③贬：贬官。潮阳：即潮州，今属广东。八千：长安到潮州的估计距离，是说路途遥远。

④圣明：朝廷。弊（bì）政：一作“弊事”，有害的事。

⑤敢：一作“肯”，岂敢，岂肯。衰朽：体弱年迈。惜残年：爱惜残余的岁月。

⑥秦岭：泛指陕西南部的山岭。

⑦蓝关：蓝田关，在今陕西蓝田东南。

⑧汝（rǔ）：你，指韩湘。

⑨瘴（zhàng）江：泛指岭南河流，当时岭南多瘴疠之气，所以称瘴江。

干　戈①

王　中②

干戈未定欲何之③，一事无成两鬓丝④。
踪迹大纲王粲传⑤，情怀小样杜陵诗⑥。
鹡鸰音断人千里⑦，乌鹊巢寒月一枝⑧。
安得中山千日酒⑨，酩然直到太平时⑩。

【注释】

①诗人以王粲和杜甫自比，运用曹操“乌雀南飞”的典故，写出了战乱不断、身世凄凉、郁郁不得志、在社会中无所依托等复杂的愁绪以及对太平盛世的向往。

②王中：字积翁，南宋诗人。

③干戈：古代的两种兵器，泛指兵器、战争、战乱。欲何之：想要到哪里去。之，去，往，到。

④两鬓（bìn）丝：两个鬓角上长满了白发。

⑤踪迹：脚印，行迹，行为。大纲：大致，大的方面。王粲（càn）：字仲宣，东汉人，生逢战乱，长期过着颠沛流离不得重用的日子。

⑥小样：略似。杜陵：杜甫，杜甫常自称杜陵野老、杜陵布衣、少陵野老，后人称之为杜陵或杜少陵。杜诗多感时伤事、忧国忧民之作。

⑦鹡鸰（jí líng）：即脊令，一种鸟。《诗经·小雅·棠棣》：“脊令在原，兄弟急难。”后世用脊令比喻兄弟。

⑧乌鹊：化用曹操《短歌行》：“月明星稀，乌鹊南飞。绕树三匝，何枝可依？”说自己漂泊不定。

⑨千日酒：酒名。古代传说中山人狄希能造千日酒，饮后醉千日。晋张华《博物志》卷五：“昔刘玄石于中山酒家酤酒，酒家与千日酒，忘言其节度，归至家当醉，而家人不知，以为死也，权葬之。酒家计千日满，乃忆玄石前来酤酒，醉向醒耳。往视之，云玄石亡来三年，已葬。于是开棺，醉始醒。俗云，玄石饮酒一醉千日。”

⑩酩（mǐng）然：大醉的样子。

归　隐①

陈　抟②

十年踪迹走红尘③，回首青山入梦频④。
紫绶纵荣争及睡⑤，朱门虽富不如贫⑥。
愁闻剑戟扶危主⑦，闷听笙歌聒醉人⑧。
携取旧书归旧隐⑨，野花啼鸟一般春。

【注释】

①相传诗人在后唐兴中（930—933）年间应进士举，落第，乃归隐，作此诗。诗人用对比的手法，写出对官场生活和所谓的笙歌醉舞、功名富贵的厌倦以及对隐居生活的向往。

②陈抟（tuán）：字图南，亳州真源人。年四五岁时，戏于涡水岸侧，有青衣妇人乳之，自是聪悟日益。及长，读经史百家之言，过目成诵，颇有诗名。后唐长兴中，陈抟因举进士不第，遂不求禄仕，以山水为乐。自号扶摇子，有《指玄篇》、《三峰寓言》及《高阳集》、《钓潭集》。

③红尘：人世间。

④回首：回想，回忆起。频：频繁。

⑤紫绶（shòu）：系印的紫色绶带。只有官阶高的人才用紫色，这里泛指高官厚禄。纵荣：纵然荣耀。争及：怎及。

⑥朱门：古代王侯权贵的大门常漆成红色，所以朱门也就成了豪贵之家的代称。

⑦剑戟（jǐ）：古代的两种兵器，借指武力。扶危主：辅佐拯救危难中

的君主。

⑧闷听:厌烦听,不喜听。笙(shēng)歌:泛指奏乐唱歌。聒(guō):吵闹。

⑨旧隐:以前隐居的地方。

时世行[1]

杜荀鹤[2]

夫因兵死守蓬茅[3],麻苎衣衫鬓发焦[4]。
桑柘废来犹纳税[5],田园荒尽尚征苗[6]。
时挑野菜和根煮[7],旋斫生柴带叶烧[8]。
任是深山更深处[9],也应无计避征徭[10]。

【注释】

①诗题又作《山中寡妇》、《时世行赠田妇》。诗通过描写一位居住在大山深处的寡妇饱受战乱赋役之苦,反映了唐末战乱频仍、赋税沉重、民生凋敝的社会现实,表现了诗人对民瘼的关心。

②杜荀鹤(846—904):字彦之,号九华山人,池州石埭(今安徽石台)人,出身寒微。传说为杜牧之子。因上颂德诗三十章取悦朱温。温为他送名礼部,得中大顺二年(891)第八名进士。次年,复还旧山,后朱温表荐他,授翰林学士、主客员外郎,遘重疾,旬日而卒。一生以诗为业,爱苦吟,自说"乍可百年无称意,难教一日不吟诗"(《秋日闲居寄先达》)。有《唐风集》三卷,今存诗三百多首。《唐风集》卷首《春宫怨》,被推为"宫词为唐第一"。

③蓬茅:简陋的茅草房。

④麻苎（zhù）：粗麻布。焦：焦黄。

⑤柘（zhè）：一种树，叶子可喂蚕。废来：荒废。

⑥征苗：征青苗税，唐中叶以后田赋的一种附加税，在粮食成熟前征收。

⑦挑：拣。和根：带根。

⑧旋：不久。斫（zhuó）：砍。

⑨任是：任凭是。

⑩无计：没有办法。征徭：赋税和徭役。

送天师①

朱　权②

霜落芝城柳影疏③，殷勤送客出鄱湖④。
黄金甲锁雷霆印⑤，红锦韬缠日月符⑥。
天上晓行骑只鹤⑦，人间夜宿解双凫⑧。
匆匆归到神仙府⑨，为问蟠桃熟也无⑩。

【注释】

①诗通过描写天师府印及其佩饰，并运用神话传说盛赞天师的尊贵身份和法力不凡，表现了诗人对道教的推崇。天师：对道士的尊称，这里指元末明初张正常。张正常，字仲纪，汉张道陵四十二世孙，元时赐号天师，明太祖朱元璋攻下南昌，他曾派人去拜贺。不久又两次入朝。1368年，朱元璋即位，改授正一嗣教真人，赐银印。

②朱权（1378—1448）：明太祖朱元璋第十七子，神姿秀朗，慧心敏悟，精于义学，旁通释老，号大明奇士、臞仙、涵虚子。朱权深得

朱元璋宠信。太祖洪武二十四年(1391)年十四封为宁王,十五岁就藩大宁(今属辽宁省城一带),掌握强兵猛将,镇守北边军事要塞。谥献王,故史称“宁献王”。著有《宁国仪范》、《家训》、《文谱》、《诗谱》、《史断》、《通鉴博论》、《汉唐秘史》、《琴阮启蒙》、《神奇秘谱》、《琼林雅韵》、《神隐》、《太和正音谱》等数十种,主要琴曲作品有《平沙落雁》和《秋鸿》等。

③芝城:今江西鄱阳,因城北有芝山故名。

④鄱(pó)湖:鄱阳湖。

⑤黄金甲:金贵精美的装印斗的外套。雷霆(tíng)印:具有雷霆那么大威力的印。

⑥红锦韬(tāo):装符表的红丝套。缠:缠绕,这里是收藏的意思。日月符:能够驱动日月的符箓。

⑦鹤:仙鹤,传说中仙人的坐骑。

⑧双凫(fú):《后汉书·王乔传》载,东汉明帝时王乔为叶县令,有神术,虽远离京师,却能够按时来朝。人见其每至必有双凫从东南飞来。后设网捕得一凫,原来是一只木鞋。

⑨神仙府:对张正常住所的美称。

⑩蟠(pán)桃:神话中的仙桃。

送毛伯温①

朱厚熜②

大将南征胆气豪③,腰横秋水雁翎刀④。
风吹鼍鼓山河动⑤,电闪旌旗日月高。
天上麒麟原有种⑥,穴中蝼蚁岂能逃⑦。
太平待诏归来日⑧,朕与先生解战袍⑨。

【注释】

①诗作于明世宗嘉靖十八年（1539）毛伯温出征前。嘉靖十五年（1536），安南（今越南）世孙黎宁派人向明世宗诉说莫登庸叛逆之事，十八年，毛伯温率兵征讨安南，次年进驻南宁。诗描绘出毛伯温的英雄气概，王师的声威浩荡，用麒麟和蝼蚁作比喻，形象地写出出师必胜的信心。毛伯温（1487—1544）：字汝厉，吉水（今江西境内）人，正德进士，嘉靖间为兵部尚书兼右都御史，有《毛襄懋集》、《东塘诗集》。

②朱厚熜（cōng，1507—1566）：父为明宪宗朱见深第四子，明孝宗朱祐樘的胞弟，封兴王。明正德十六年（1521年），武宗朱厚照驾崩，无子。朱厚熜承统，为世宗皇帝，年号嘉靖，时年十四岁。朱厚熜迷信道教，祈求长生不老，竟长期不视朝政，由严嵩执掌大权，政治腐败，使国势日趋没落，政治和经济都出现深重危机。

③大将：毛伯温。南征：嘉靖十八年（1539），毛伯温率兵征讨安南，次年进驻南宁，兵不血刃而安南平定。

④秋水：形容宝刀如秋水般明亮。雁翎（líng）刀：形似雁翎的刀。

⑤鼍（tuó）鼓：鼍皮制成的鼓。鼍，扬子鳄。

⑥麒麟（qí lín）：古代传说中的一种瑞兽，这里指安南王族。

⑦蝼蚁（lóu yǐ）：安南叛军莫登庸部。

⑧待诏：待命。

⑨朕（zhèn）：皇帝朱厚熜自称。先秦时人可自称为“朕”，自秦始皇后“朕”成为帝王的自称。

卷三

五　绝

春　眠[1]

孟浩然[2]

春眠不觉晓[3]，处处闻啼鸟[4]。
夜来风雨声，花落知多少。

【注释】

①诗题一作《春晚绝句》，又作《春晓》。诗以清切语言写春眠醒后对昨夜花事的关心，表达了诗人喜爱春天、怜惜春天的感情。孟浩然在写作上似乎借鉴了沈佺期《芳树》一诗："啼鸟弄花疏，游蜂饮香遍。叹息春风起，飘零君不见。"但画面更为明朗，惜春的感情表达得更为委婉含蓄。后来李清照的《如梦令》："昨夜雨疏风骤。浓睡不消残酒。试问卷帘人，却道海棠依旧。知否。知否。应是绿肥红瘦。"与其风神相类。

②孟浩然（689—740）：唐代著名诗人。襄州襄阳（今湖北襄阳襄州

区）人，世称孟襄阳。前半生主要居家侍亲读书，以诗书自适。曾隐居鹿门山。四十岁游京师，应进士不第，返襄阳。诗歌以五言诗为主，多写山水田园和隐逸、行旅等内容，冲淡自然，继陶渊明、谢灵运、谢朓之后，开盛唐田园山水诗派之先声。有《孟浩然集》。

③眠：睡觉。不觉晓：不知不觉天亮了。

④处处：到处。啼鸟：鸟叫声。

访袁拾遗不遇[1]

孟浩然

洛阳访才子[2]，江岭作流人[3]。
闻说梅花早[4]，何如此地春[5]。

【注释】

①诗题一作《洛中访袁拾遗不遇》。诗通过写富有才华的友人被贬南岭，含蓄而曲折地讽刺、批评了时政，流露出对友人的关心、怀念以及对其遭遇的痛惜。袁拾遗：袁瓘，洛阳人，诗人好友，曾任拾遗。

②才子：有才华的人，这里指袁瓘。

③江岭：大庾岭，位于今广东、江西交界处。流人：获罪流放之人，这里是说袁瓘因罪流放到岭外。

④梅花早：南方气候温暖，梅花开得早。

⑤何如：怎比得上。此地：一作“北地”，指洛阳。

送郭司仓[1]

王昌龄[2]

映门淮水绿[3]，留骑主人心[4]。
明月随良掾[5]，春潮夜夜深。

【注释】

①诗写春日送别友人，以淮水春潮为喻，委婉含蓄地抒发了对友人远行的依依不舍之情与无限思念。司仓：管理仓库的小官。

②王昌龄（694？—765？）：字少伯，京兆万年（今陕西西安）人，盛唐著名诗人。开元十五年（727）登进士第，任秘书省校书郎。开元二十二年（734），中博学宏词科，授汜水县尉。二十七年（739），被贬岭南，途经襄阳，孟浩然有诗相送；经岳阳，有诗送李白。次年回长安，又出为江宁县丞。数年后贬为龙标县尉，李白有诗遥寄。安史乱起，由贬所赴江宁，为濠州刺史闾丘晓所杀。世称王江宁或王龙标。有《王昌龄诗集》。

③淮水：淮河，发源于河南桐柏山，流经安徽、江苏，注入长江。

④留骑：留客的意思。骑，坐骑。

⑤良掾（yuàn）：好官。掾，古代府、州、县属官的通称。

洛阳道①

储光羲②

大道直如发③，春日佳气多④。
五陵贵公子⑤，双双鸣玉珂⑥。

【注释】

①本诗是《洛阳道五首献吕四郎中》组诗的第三首。诗铺陈直叙，用白描手法传神地写出了京城贵游公子春日游赏的骄奢，流露出诗人的讽刺与愤激之情。洛阳道：汉横吹十八曲之一。

②储光羲（xī，706—763）：唐代诗人。润州延陵（今江苏丹阳）人，一说祖籍兖州（今属山东）。开元十四年（726）进士，授冯翊县尉，转汜水、安宜等县尉。仕宦不得意，隐居终南山的别业，与王维为友。后出山任太祝，世称储太祝。迁监察御史。天宝末，奉使至范阳。安史乱起，叛军攻陷长安，他被迫受伪职，后脱身归朝，贬死岭南。储光羲的诗以描写田园山水著名。风格朴实，能够寓细致缜密的观察于浑厚的气韵之中。有《储光羲集》五卷，《全唐诗》编为四卷。

③大道直如发：语出鲍照《代陆平原君子有所思行》："层阁肃天居，驰道直如发。"

④佳气：温和晴暖的天气。

⑤五陵：长安附近，因汉代高祖、惠帝、景帝、武帝、昭帝五帝王葬于此，故名，附近多权贵所居。

⑥双双：言其成群结队。玉珂（kē）：.马络头上的装饰物，多为玉

制,也有用贝制的。晋张华《轻薄篇》:“文轩树羽盖,乘马鸣玉珂。”唐李贺《马》诗之二二:“汗血到王家,随鸾撼玉珂。”

独坐敬亭山①

李白

众鸟高飞尽②,孤云独去闲③。
相看两不厌④,只有敬亭山⑤。

【注释】

①诗作于唐玄宗天宝十二载(753)秋,这一年,李白在长安对朝政极度失望,预感到将有动乱,遂离开长安,秋至宣城,第二次漫游宣城。诗将敬亭山人格化,写山与人的默默交流,寄托了诗人超脱现实追求内心平静的愿望,含蓄地表达了对社会现实的不满。敬亭山:一名昭亭山,在今安徽宣城北,东临皖溪,山顶有敬亭,为南齐谢朓吟咏处。

②高飞尽:群鸟高飞,消失在遥远的天际。

③孤云:片云。闲:悠闲。

④两不厌:山与诗人互不厌烦,情意相随,是拟人的手法。

⑤只有:一作“唯有”。

登鹳鹊楼[①]

王之涣[②]

白日依山尽，黄河入海流。
欲穷千里目[③]，更上一层楼[④]。

【注释】

①诗写登鹳鹊楼的见闻感受，描绘了祖国壮丽山河，表现出诗人开阔的胸襟和积极进取的精神。鹳（guàn）鹊楼：旧址今山西永济浦州镇，楼有三层，面对中条山，下临黄河，是唐代河中府名胜，因常有鹳鹊栖息其上，故名。

②王之涣（688—742）：盛唐著名诗人。字季陵，并州晋阳（今山西太原）人。始任冀州衡水主簿，受人诬告，弃官还乡。晚年任文安县尉，卒于任上。少有侠气，豪放不羁，常击剑悲歌，其诗多被当时乐工制曲歌唱，名动一时。诗以描绘边塞风光著称。存诗仅六首，但艺术成就很高。

③穷：穷尽。千里：很远的地方。鲍照《还都道中诗三首》："夕听江上波，远极千里目。"

④更：再。

观永乐公主入蕃[1]

孙　逖[2]

边地莺花少[3]，年来未觉新[4]。
美人天上落[5]，龙塞始应春[6]。

【注释】

①诗题一作《同洛阳李少府观永乐公主入蕃》。作于唐玄宗开元五年（717），唐玄宗将永乐公主嫁给当时来朝的契丹王李失活。诗用对比手法，写永乐公主到蕃地如同仙女降临，会带去无限生机，显示永乐公主的尊贵和人们的钦慕。永乐公主：唐玄宗时东平王的外孙女杨氏，开元五年（717）被封为永乐公主，嫁给当时来朝的契丹王李失活。入蕃：帝王宗室女子出嫁外藩。蕃，古代称少数民族为蕃，此指契丹。

②孙逖（tì，696？—761）：唐代诗人，河南洛阳人。幼而英俊，文思敏速。开元十年（722），应制登文藻宏丽科，拜左拾遗。历官考功员外郎、集贤修撰、权判刑部侍郎。孙逖掌诰八年，制敕所出，为时流叹服。尤善思，文理精练，加之谦退不伐，人多称之。以疾沉废累年，转太子詹事。

③莺花：莺啼花放，泛指春天景色。

④年来：新春到来时。

⑤美人：指永乐公主。

⑥龙塞（sài）：龙城，泛指边远地区。

春　怨①

金昌绪②

打起黄莺儿③，莫教枝上啼④。
啼时惊妾梦⑤，不得到辽西⑥。

【注释】

①诗构思与南朝乐府民歌《读曲歌》有异曲同工之妙："打杀长鸣鸡，弹去乌臼鸟。愿得连冥不复曙，一年都一晓。"《读曲歌》写与所爱的人尽欢而希望长夜不明，而金昌绪诗歌中的思妇却是只能与丈夫在梦中相聚。诗通过写思妇追打啼鸟的痴憨，含蓄而淋漓尽致地表达出她对远戍边地的丈夫的深切思念。

②金昌绪：唐代诗人，今浙江杭州人，余不详，《全唐诗》存其诗一首。

③打起：赶走。

④莫教：不让。

⑤妾：谦辞，古代女子自称。

⑥辽西：辽河以西的地方，今辽宁省中西部，是诗中思妇思念者滞留之地。

左掖梨花①

丘　为②

冷艳全欺雪③，余香乍入衣④。
春风且莫定⑤，吹向玉阶飞⑥。

【注释】

①诗以花喻人，写梨花的冷艳洁白，比喻自己品行高洁，表达了希望自己政治上一帆风顺的美好愿望。

②丘为（694？—784？）：嘉兴人。中唐天宝二年（743）进士，累官太子右庶子。与刘长卿善，也与王维为友。诗工五言，所写大多咏田园风物，为盛唐山水田园诗派的作者之一。著有《丘为集》，现存诗十八首。左掖（yè）：唐代称门下省、中书省为左掖、右掖，两者都是当时的中央政权机构，设在禁宫附近。

③冷艳：形容梨花洁白夺目，颜色如雪，气度高傲，似含有寒意。欺：压服，超过。

④乍（zhà）：刚。

⑤定：停。

⑥玉阶：原指玉石砌成的台阶，这里暗指皇宫。

思君恩①

令狐楚②

小苑莺歌歇③，长门蝶舞多④。
眼看春又去，翠辇不曾过⑤。

【注释】

①这首宫怨诗通过描写宫妃望幸的失意，表现了宫女希望君王驾临的迫切与久盼不至的幽怨心情。君：帝王。

②令狐楚（766—837）：字壳士，宜州华原（今陕西咸阳附近）人。贞元七年（791）进士及第，由太原掌书记至判官。官至中书省侍郎同平章事，又曾为节度使。令狐楚才思俊丽，能文工诗，以四六文为世所称。李商隐的骈文即其所授。元和十二年（817），选进《御览诗》。晚年与刘禹锡、白居易唱和较多。《全唐文》收其文五卷，《全唐诗》收其诗五十多首。

③小苑：宫中小园林。歇：停止。

④长门：汉宫名，为汉代武帝皇后失宠后的冷宫。这里借指宫妃幽居的住所。

⑤翠辇（niǎn）：皇帝的车驾，因车上常有翠鸟的羽毛作装饰，故称。过：经过。

题袁氏别业[①]

贺知章[②]

主人不相识[③],偶坐为林泉[④]。
莫谩愁沽酒[⑤],囊中自有钱[⑥]。

【注释】

①诗题一作《偶游主人园》。这首记游诗通过描写诗人为林泉而访问陌生人,表现了主客双方高雅的情趣,反映了诗人豪爽旷达的情怀。

②贺知章(659?—744?):字季真,晚号四明狂客,会稽永兴(今浙江萧山)人。武则天征圣元年(695)进士,为国子四门博士,又迁太常博士。开元中入丽正殿书院,参撰《六典》及《文纂》等,后转太常少卿。累迁至太子宾客、银青光禄大夫兼正授秘书监。性放旷,善谈笑,当时贤达皆倾慕之。与张旭、包融、张若虚并称“吴中四士”。又善草隶书。诗清新晓畅,有《贺秘监集》。别业:别墅。

③主人:别墅主人。

④偶坐:偶然游览。为:为了。林泉:山林与泉石,指景物幽深的地方,也用来指退隐。

⑤谩(màn):通“慢”,怠慢,轻视。沽(gū):买。

⑥囊(náng):袋。

夜送赵纵[1]

杨　炯[2]

赵氏连城璧[3]，由来天下传[4]。
送君还旧府[5]，明月满前川[6]。

【注释】

①这首赠别诗用和氏璧作喻，恰当贴切地称赞赵纵富于才具，品质高洁，前途无可限量，抒发了依依惜别之情。赵纵：诗人友人，赵（今河北一带）人。

②杨炯（jiǒng，650—692）：陕西华阴人，显庆四年（659）举为神童，待诏弘文馆。上元三年（676）应制举及第，授校书郎。后又任崇文馆学士，迁詹事司直。天授元年（690），任教于洛阳宫中习艺馆。如意元年（692）秋后改任盈川县令，吏治以严酷见称，死于任所，世称杨盈川。有《盈川集》。

③连城璧：价值连城的玉，比喻赵纵人才难得。《史记·廉颇蔺相如列传》载，赵惠文王得到楚和氏璧，秦昭王给赵王写信，愿意拿十五座城池来交换。

④由来：从来。

⑤还旧府：指赵纵回赵。

⑥川：平野，平地。

竹里馆①

王 维

独坐幽篁里②，弹琴复长啸③。
深林人不知，明月来相照。

【注释】

①诗为《辋川集》之一。王维自唐玄宗天宝三载（744）至十五载（756）前后常居于辋川，作《辋川集》，期间与裴迪诗相往来。诗用白描手法，描绘出一个空明澄净、清幽绝俗的境界，抒发了诗人闲适自得、了无杂念的情愫。竹里馆：王维建在辋川的别馆。

②幽篁（huáng）：幽深的竹林。篁，竹林。屈原《山鬼》："余处幽篁兮终不见天，路险难兮独后来。"

③复：又。长啸：撮口发出长而清晰的声音，古代雅士常借此抒情。

送朱大入秦①

孟浩然

游人五陵去②，宝剑值千金③。
分手脱相赠④，平生一片心⑤。

【注释】

①诗人化用了战国时期吴季札以宝剑相赠友人的典故，表达了对友人的期许、勉励，并抒发了自己仕途的失意。朱大：诗人友人，生平事迹不详。

②游人：朱大。五陵：长安附近，当时豪侠多在此居住。

③值千金：价值千金，是夸张的手法，言其珍贵。

④分手：分别。脱：摘下。

⑤平生：平素，往常。

长干行①

崔　颢

君家何处住②，妾住在横塘③。
停船暂借问④，或恐是同乡⑤。

【注释】

①诗题一作《长干曲》，乐府杂曲歌词名。诗用白描的手法，以对话的形式写出江上女子主动结识一陌生男子的大胆、天真与狡黠。一说是女子遇到同乡的羞涩与娇憨。长干：长干里，在今江苏南京秦淮河南，古时送别之地。

②君：敬称，您。首句用君，次句用妾，表现了女子对对方的尊敬与诚意。

③横塘：地名，在秦淮河南岸，靠近长干里。

④借问：请问。

⑤或恐：恐怕是。

咏　史①

高　适②

尚有绨袍赠③，应怜范叔寒④。
不知天下士⑤，犹作布衣看⑥。

【注释】

①诗作于安史之乱前，诗人郁郁不得志时期。这首诗借史咏怀，托古喻今，鞭挞了须贾的平庸，赞颂了范雎的美德，抒发自己郁郁不得志的苦闷。咏史：用诗写史、抒情。

②高适（701？—762）：字达夫，郡望渤海（今属河北），是唐代著名诗人，与李白、杜甫友善。年少蹉跎，后平步青云，累官至节度使、刑部侍郎、渤海县侯。高适诗题材广泛，感情深挚，意气骏爽，语言端直，笔力浑厚，是盛唐边塞诗风的杰出代表，与岑参齐名。有《高常侍集》。

③绨（tí）袍：粗绨作的袍子。绨，丝织品。

④范叔：范雎，字叔。据《史记·范雎蔡泽列传》载，范雎曾是战国时期魏国中大夫须贾的门客。须贾在魏王面前毁谤他，挨打后被卷入竹席，扔进厕所。幸而被人救出，化名张禄，逃往秦国，不久为相。秦欲伐魏，须贾奉命使秦止兵，范雎破衣求见。须贾见他如此贫寒，就送他一件绨袍。当他发现范雎就是秦相张禄时，立即前往谢罪。范雎因为有绨袍之事，便没有杀他。

⑤天下士：这里指杰出人才。士，古代读书人的通称。

⑥犹：还。布衣：平民百姓。

罢相作①

李适之②

避贤初罢相③，乐圣且衔杯④。
为问门前客⑤，今朝几个来。

【注释】

①诗用反语、双关、对比的修辞方法，写出心中的不平、世态炎凉和对趋炎附势者的鄙视。罢相作：罢免丞相职位后所作的诗歌。

②李适之（？—747）：一名昌，李唐宗室，恒山王李承乾之孙，开元中，累官通州刺史，擢秦州都督，转陕州刺史。入为河南尹，拜御史大夫，历刑部尚书。天宝元年代牛仙客为左相，累封清和县公。遭李林甫陷害罢相。李适之酒量极大，据《唐书·宗室宰相传》记载，李适之喜欢与宾客宴饮，每次可以喝一斗多不醉。他夜晚饮酒，白天处理政事却不误工作。在杜甫《饮中八仙歌》中，李适之与贺知章、李琎、崔宗之、苏晋、李白、张旭、焦遂为饮中八仙。

③避贤：让贤，让位于李林甫，是讽刺的手法。

④乐圣：爱酒。《三国志·魏书·徐邈传》载，当时魏国禁酒，徐邈私饮，不理政事，称酒醉为“中圣人”，清酒为“圣人”，浊酒为“贤人”。

⑤为问：询问。门前客：以前任丞相时登门拜访的宾客。《唐诗纪事》卷二十载，诗人任丞相时，每上朝回来，就邀请亲朋好友宴饮赋诗，他曾写诗形容当时情况：“主门常不闭，亲友恣相过。年今

将半百，不乐夫如何？”

逢侠者①

钱 起

燕赵悲歌士②，相逢剧孟家③。
寸心言不尽④，前路日将斜。

【注释】

①诗化用典故写在洛阳与一侠客相逢，一见倾心，匆匆作别，抒发了依依惜别的友情，流露了对豪侠生活的向往。侠者：侠客。

②燕赵：战国时两个诸侯国，在现在的河北一带。悲歌士：激昂慷慨的侠士。古人认为燕赵多出豪侠，有“燕赵多慷慨悲歌之士”的说法。

③剧孟：西汉侠士，洛阳人。《史记》载，汉景帝时吴楚七国叛乱，当周亚夫到河南后，发现叛军没有与剧孟联盟，就很放心，断定叛军不能兴风作浪。

④寸心：因心位于胸中方寸之地，故称。

江行望匡庐①

钱 起

咫尺愁风雨②，匡庐不可登③。
只疑云雾窟④，犹有六朝僧⑤。

【注释】

①《江行无题一百首》之一。诗作者一作钱起曾孙钱珝（xǔ）。诗紧扣“望”字，写庐山可望而不可即的怅惘，抒发了久经战乱的诗人对方外生活的向往。钱珝，字瑞文，吏部尚书徽之子。善文词。宰相王溥荐知制诰，进中书舍人，后贬抚州司马。有《舟中录》二十卷。

②咫（zhǐ）尺：比喻很近。咫，古代称八寸为咫。

③匡庐：庐山，在今江西九江南边。据说此山原名为南障山，周朝匡俗曾在这里隐居，周定王征召不出，派人访求，已成仙而去，仅有庐存，后人称此山为庐山、匡山。庐，小屋。

④云雾窟：云雾笼罩的山顶小屋。

⑤六朝：公元222—589年间，建都于建康（今江苏南京）的东吴、东晋、宋、齐、梁、陈六个朝代。六朝时佛教盛行，僧人多在名山胜水处居住。

答李浣①

韦应物

林中观《易》罢②，溪上对鸥闲。
楚俗饶词客③，何人最往还④。

【注释】

①约作于唐代宗大历初（766—771）秋日洛阳。时李浣已罢洛阳主薄，将归楚州。唐代宗永泰元年（765），韦应物任洛阳丞，大历元年（766），请告闲居洛阳，大历四年（769）夏至长安，秋自长安返

洛阳，经楚州去扬州，大历六年（771）在洛阳，冬赴长安。诗通过描写自己的生活和对友人的问讯，表现了内心的闲适，抒发了自己的高雅志趣和对友人的关切之情。李浣（huàn）：诗人朋友，在楚地为官任满返回，曾写诗赠韦应物，所以韦应物写此诗酬答。

②《易》：即《易经》，又称《周易》，儒家经典著作之一。

③楚：春秋战国时期诸侯国名，在今湖北一带。饶：多。词客：诗人。

④最往来：来往最多。

秋风引[①]

刘禹锡

何处秋风至[②]，萧萧送雁群[③]。
朝来入庭树[④]，孤客最先闻[⑤]。

【注释】

①秋风引：乐府琴曲歌词的一种。诗作于唐宪宗元和中（806—814）朗州。唐顺宗永贞元年（805）十一月，刘禹锡贬官朗州司马，赴朗州。宪宗元和元年（806）至元和九年（814）在朗州，冬奉诏还京。诗描写了游子对秋季时序变迁、物候变化的敏感、细微的内心感触，抒发了诗人的羁旅之思。

②何处：什么地方，从什么地方来的。

③萧萧（xiāo）：风吹草木声。

④入庭树：吹动了庭院里的树木。

⑤孤客：羁旅在外的人。闻：听到。

秋夜寄丘员外[1]

韦应物

怀君属秋夜[2],散步咏凉天[3]。
山空松子落,幽人应未眠[4]。

【注释】

①诗题一作《秋夜寄丘二十二员外》。诗作于唐德宗贞元五年(789)至贞元七年(791),韦应物时任苏州刺史,丘丹隐居临平山,两人多有唱和。一说作于唐德宗贞元五年秋(789)。诗写秋夜怀念隐居的游人,设想友人也在深夜思念自己,抒发了对游人的真挚、深切的感情。丘员外:即丘丹,诗人丘为的弟弟,在家族中排行二十二,嘉兴(今属浙江)人,曾官仓部员外郎。

②怀君:怀念您。属(zhǔ):正当。

③咏:歌咏。凉天:秋天。

④幽人:隐士,此处指丘丹。

秋　日[1]

耿　沣[2]

返照入闾巷[3],忧来谁共语[4]。
古道少人行[5],秋风动禾黍[6]。

【注释】

①诗歌通过描绘秋日城乡荒凉衰败的景象，表现了诗人的孤独寂寞，抒发了悯时伤乱的感情。

②耿沣（wéi）：字洪源，河东（今山西永济）人。登宝应元年（763）进士第，历任大理寺司法、左拾遗。工诗，与钱起、卢纶、司空曙诸人齐名，为“大历十才子”之一。耿沣诗不事雕琢，而风格自成一家，诗集为《耿沣诗集》。

③返照：夕阳余晖，落日斜照。闾（lǘ）巷：街道。

④忧来：一作“愁来”。

⑤古道：古老的道路。一说指古代崇尚的节操风义。

⑥禾黍（shǔ）：谷子、小米之类农作物。这里暗用典故。《诗经·王风·黍离》载，周幽王遭犬戎之难后，周平王迁都洛邑，东周大夫行役，经过宗庙宫室，满眼禾黍，大为感慨：“彼黍离离，彼稷之苗。行迈靡靡，中心摇摇。知我者谓我心忧，不知我者谓我何求。”黍离之悲或禾黍之悲也就成了凭吊兴亡感慨的代名词。

秋日湖上①

薛　莹②

落日五湖游③，烟波处处愁④。
浮沉千古事⑤，谁与问东流。

【注释】

①诗描绘太湖的满目苍茫，诗人借此发思古之幽情，表现出对世事无常的厌倦，对日益衰败的唐帝国的伤感。

②薛莹：唐文宗时人，有《洞庭诗集》一卷。今存诗十首。
③五湖：这里指太湖。
④烟波：烟雾笼罩的水面。
⑤浮沉：胜败兴亡。太湖一带是战国时期吴越争霸的地方，后又有六朝争雄。

宫中题①

李　昂②

辇路生秋草③，上林花满枝④。
凭高何限意，无复侍臣知。

【注释】

①诗作于唐文宗太和九年（835）秋。李昂即位后，力图改变宦官专权的局面，在太和九年（835）与翰林学士李训、太仆卿郑注谋诛宦官，事败，李、郑、宰相王涯被诛，史称“甘露之变”。此后宦官更加专权跋扈，文宗心中异常苦闷，这首诗便是这种心境的写照。诗歌以平淡朴素的语言，抒发诗人沉重而忧郁的情愫，反映了一位有所作为而惨遭囚禁的年轻君王的沮丧与无奈。
②李昂（809—840）：唐文宗，为穆宗第二子，初名涵。始封江王，宝历二年（826）被宦官拥立为帝。出宫女三千多人，裁汰官员一千二百余人。开成五年（840），被宦官杀死在大明宫太和殿，时年三十三岁，在位十四年，谥曰昭献，葬于章陵。好作五言诗，古调清峻，常欲置诗博士。又曾经与宰相论诗之工拙。今存诗七首。
③辇（niǎn）路：辇道，宫中专供帝王车驾行走的道路。

④上林：古代宫苑，秦定都咸阳时置，汉初荒废，汉武帝时扩建，周围二百多里，故址在今陕西西安西渭水以南、终南山以北，这里借指唐禁内花园。

寻隐者不遇[1]

贾　岛

松下问童子[2]，言师采药去。
只在此山中，云深不知处[3]。

【注释】

①诗歌用设问、反问等修辞手法和对话的形式，写出拜访隐士不遇的情形，同时描绘出隐士所在的幽深广阔的环境，衬托出隐士的高雅志趣。寻：寻访。隐者：隐居的人。不遇：没有见到。

②童子：隐者的童仆。

③不知处：不知道在什么地方。

汾上惊秋[1]

苏　颋[2]

北风吹白云，万里渡河汾[3]。
心绪逢摇落[4]，秋声不可闻[5]。

【注释】

①诗歌借景抒怀，情景相生，风格雄健而意境苍凉，抒发了诗人悲秋之情与羁旅之思。汾上：汾河上。汾河，又称汾水，在今山西南部。

②苏颋（tǐng，670—727）：字廷硕，京兆武功（今属陕西）人。武后朝进士，官监察御史。景云中，袭封许国公，转中书侍郎。唐玄宗爱其文，开元四年（716），由工部侍郎进紫微侍郎，知政事，修国史。官终吏部选事。诗骨力高峻，韵味深醇，情景声华俱佳。有《苏许公集》。

③河汾（fén）：汾河，这里是指汾河流入黄河的入河口。河，黄河。

④心绪：心境，心情。摇落：凋残，零落，喻指秋天。

⑤不可闻：不忍听。

蜀道后期①

张　说②

客心争日月③，来往预期程④。
秋风不相待⑤，先至洛阳城。

【注释】

①诗歌用拟人的手法，通过对秋风的轻轻责备，写出游子归心似箭的心情以及误期的懊恼。后期：失期，晚于预定的时间。

②张说（yuè，667—730）：唐代文学家，字道济，一字说之。原籍范阳（今河北涿州），世居河东（今山西永济），徙家洛阳。武后垂拱四年（688）举贤良方正，授太子校书。累官至凤阁舍人。因忤

旨流配钦州，中宗朝召还，官兵部尚书、同中书门下三品，迁中书令，俄授右丞相，至尚书左丞相。卒谥号文贞。有《张燕公集》。

③客心：客居他乡的人的心情。争日月：争夺时间，抢时间。

④预期程：预先设计路途所需时间。

⑤不相待：不肯等待。

静夜思[①]

李　白

床前明月光，疑是地上霜[②]。

举头望明月[③]，低头思故乡。

【注释】

①诗歌用极其简练、清浅的语言，含蓄有致地从时间、环境、氛围、人物的细微动作等方面写尽了游子思乡。静夜思：指在幽静的夜晚对家乡的思念。

②疑：疑心，怀疑是。

③望：一作“看”。

秋浦歌[①]

李　白

白发三千丈，缘愁似个长[②]。

不知明镜里，何处得秋霜[③]。

【注释】

①《秋浦歌》共十七首，作于唐玄宗天宝三载（744），李白长安赐金遣还后漂泊于宣州时，这是第十五首。诗歌用自问自答的形式，极度夸张的手法抒发了诗人壮志未酬、郁郁不得志的苦闷心情。秋浦：唐时县名，属池州，在今安徽贵池西，境内有秋浦湖。

②缘：因为。个：这样。

③何处：何时。秋霜：形容头发像秋霜一样白。

赠乔侍御①

陈子昂②

汉廷荣巧宦③，云阁薄边功④。
可怜骢马使⑤，白首为谁雄⑥。

【注释】

①诗题一作《题祀山烽树赠乔十二侍御》。诗歌借古喻今，借汉代桓典之事，抒发了对唐朝不重视贤良、赏罚不公的不满和愤激，表达了对乔侍郎怀才不遇的深切同情。乔侍御：即诗人乔知之，时任御史。

②陈子昂（661—702）：字伯玉，梓州射洪（今四川射洪）人。家世富贵，少好侠。文明元年（684）进士，官麟台正字，转右拾遗。万岁通天元年（696）从建安王伐契丹，参谋军事。圣历元年（698）自请解职。诗歌反对齐梁风气，推崇汉魏风骨，是唐朝诗风转变的关键人物之一。有《陈拾遗集》。

③汉廷：这里借指唐朝。巧宦：善于钻营的官员。

④云阁：云台、麒麟阁，汉代悬挂名将功臣图像的地方。薄：轻视。
⑤可怜：可叹。骢（cōng）马使：汉桓典为御史，有威名，常骑骢马，人称骢马御史，这里借指戍守边地的将领。
⑥为谁雄：为谁而称雄，意思是说，一片雄心无法舒展。

答武陵太守①

王昌龄

仗剑行千里②，微躯敢一言③。
曾为大梁客④，不负信陵恩⑤。

【注释】

①诗题一作《答武陵田太守》。诗歌将武陵田太守比作战国时代的魏公子，将自己比作魏公子门下食客，委婉地表达了自己的敬意和知恩图报的思想。武陵：武陵郡，在今湖南常德。太守：唐代郡的最高行政长官。
②仗剑：持剑，拿着剑。
③微躯：微贱的躯体，谦辞，诗人自称。
④大梁客：战国时魏国侠士侯嬴，原来是看守大梁（魏都，今河南开封）东门的官吏，后受信陵君魏公子无忌的赏识，待为上宾。后秦兵围赵，赵向魏求救，魏王按兵不动。侯嬴为无忌谋划窃取兵符救赵，解得其围。这里诗人以侯嬴自许，暗喻自己知恩必报，不辜负武陵太守之恩。
⑤信陵：信陵君魏公子无忌，这里将武陵太守比作信陵君。

行军九日思长安故园①

岑　参

强欲登高去②，无人送酒来③。
遥怜故园菊④，应傍战场开⑤。

【注释】

①诗作于至德二年（757）农历九月九日重阳节。天宝十五载（756），安禄山攻陷长安。七月，李亨在灵武即位，改元至德。至德二载二月，肃宗李亨由灵武进至凤翔。六月，诗人由杜甫等举荐，任右补缺谏官。诗歌通过描写重阳节的无绪，抒发了对长安的思念和对国都沦陷的忧虑以及内心的无限沉痛。九日：九月九日重阳节。

②强欲：勉强要。登高：旧时风俗，重阳节携亲友登高、饮酒、赏菊。

③送酒：暗用陶渊明的事。《南史·陶渊明传》载，陶渊明素喜饮酒，家贫，重阳无酒，空坐菊花丛中。太守王弘知道后，叫人给他送酒。

④怜：怜惜。

⑤应傍（bàng）：应该挨着。

婕妤怨[1]

皇甫冉[2]

花枝出建章[3]，凤管发昭阳[4]。
借问承恩者[5]，双蛾几许长[6]。

【注释】

①这首咏史诗借汉代婕妤的哀怨，表现了失宠宫女的哀怨，批判了君恩不公的社会现实，抒发了诗人怀才不遇的愤懑。婕妤（jié yú）怨：乐府旧题。婕妤，妃嫔的称号，汉成帝妃子班婕妤，失宠后曾写有《怨歌行》（又作《怨诗》）抒写其苦闷与忧愤。

②皇甫冉（718？—767）：字茂政，晋代高士皇甫谧之后裔，润州丹阳（今江苏丹阳）人，著名诗人，"大历十才子"之一。天宝十五载（756）进士，官无锡尉。安史之乱时，为避战乱寓居义兴（今宜兴），入阳羡山建别墅隐居。大历初，皇甫冉累迁右补阙，奉使江表，病卒丹阳。五七律诗风格清丽，为人所重。有《皇甫冉诗集》三卷，《全唐诗》收其诗二卷，《全唐诗外编》及《全唐诗续拾》补遗六首。

③花枝：美人，指得宠的嫔妃。出：出现，显露。建章：汉宫殿名，在未央宫西。

④凤管：笙箫或笙箫之乐的美称。《洞冥记》："（汉武帝）见双白鹄集台之上，倏忽变为二神女舞于台，握凤管之箫。"昭阳：汉宫名，在未央宫中。

⑤承恩：受皇帝宠爱。

⑥双蛾：古代称女子眉毛为蛾眉，并以眉毛细长为美。几许：几多，有多长。

题竹林寺[1]

朱　放[2]

岁月人间促[3]，烟霞此地多[4]。
殷勤竹林寺[5]，更得几回过[6]。

【注释】

①诗歌借景抒怀，借对竹林寺的留恋，委婉含蓄地抒发了思古之幽情和对竹林七贤等古代隐士生活方式的向往，流露出对社会现实的不满。竹林寺：寺名，在庐山仙人洞旁，为晋代竹林七贤游赏之处。一说是江苏丹徒的竹林寺。

②朱放（？—788？）：字长通，襄州襄阳（今湖北襄阳襄州区）人。当时江浙名士都仰慕朱放的高义而从之游，如皇甫冉、皇甫曾兄弟，释皎然、彻上人，都是朱放良友。贞元二年（786），朝廷诏举韬晦奇才，特下聘礼，拜朱放为左拾遗，辞不就。朱放工诗，风度清越，神情萧散，有诗名。《全唐诗》存其诗一卷。

③岁月：时光。促：短促，短暂。

④烟霞：山水景物。

⑤殷勤：亲切，流连眷恋之情。

⑥更得：再得，再能够。

三闾庙[①]

戴叔伦[②]

沅湘流不尽[③]，屈子怨何深[④]。
日暮秋风起，萧萧枫树林。

【注释】

①诗歌以深沉凄婉的笔调，描写屈原庙冷落凄凉的景象，抒发了对屈原怀才不遇、忠而见谗的不幸遭遇的深切同情。三闾庙：屈原庙，故址在今湖南汨罗县内。屈原是战国时楚人，曾官左徒、三闾大夫等，三闾即楚宗室昭、屈、景三姓聚居之所，三闾大夫应当就是春秋、战国以来晋、鲁等国的公族大夫，职务是管理宗族事务，教育贵族子弟，汉代的宗正与之相当。屈原因受谗被流放沅湘一带，自沉于汨罗江。

②戴叔伦（732—789）：唐代诗人。字幼公，一字次公。一说名融，字叔伦。润州金坛（今属江苏）人。广德元年（763）刘晏表荐为秘书省正字，延入幕中，后改广文博士。兴元元年（784）任抚州刺史。以政绩卓异，封谯县开国男。贞元四年（788），授容州刺史、兼御史中丞充容管经略使，世因称戴容州。戴叔伦为“大历十才子”之一，作品以反映农村生活见长，大多采取七言歌行的形式，是白居易新乐府体的先声。有《戴叔伦集》。

③沅（yuán）湘：湖南的沅江、湘江。

④屈子：屈原。怨：哀怨，悲怨。何深：何其深。

易水送别[1]

骆宾王[2]

此地别燕丹[3]，壮士发冲冠[4]。
昔时人已没，今日水犹寒。

【注释】

①诗题一作《于易水送人》。作于唐高宗仪凤四年秋（679），骆宾王出狱后离开长安奔赴定襄（今属山西）时。一说作于唐高宗开耀元年（681）诗人出使燕齐时。此诗借荆轲易水别燕丹的史实，抒发了诗人易水别友人的无限凄楚以及古今同悲的深沉感慨。易水：水名，发源于河北易县。

②骆宾王（638？—685？）：字观光，婺州义乌（今属浙江）人，唐代诗人，与王勃、杨炯、卢照邻为"初唐四杰"，又与富嘉谟并称"富骆"。他七岁即以《咏鹅》诗出名。曾从军西域，久戍边疆。调露二年（680），出任临海县丞，世称骆临海。光宅元年（684），武则天废中宗李显，准备改唐为周。徐敬业据扬州起兵，骆宾王任艺文令，掌管文书机要，起草《讨武曌檄》。徐敬业兵败，下落不明。有《骆宾王集》。

③燕丹：燕太子丹。

④壮士：指荆轲。《战国策·燕策三》载：荆轲替燕太子丹刺杀秦王，出发前"太子及宾客知其事者皆白衣冠以送之，至易水上，既祖取道，高渐离击筑，荆轲和而歌。为变徵之声，士皆垂泪涕泣。又前而为歌曰：'风萧萧兮易水寒，壮士一去兮不复还。'复为慷

慨羽声，士皆瞋目，发尽上指冠。”发冲冠：愤怒得头发直竖，将帽子顶起来。

别卢秦卿①

司空曙②

知有前期在③，难分此夜中④。
无将故人酒⑤，不及石尤风⑥。

【注释】

①诗题一作《留卢秦卿》。诗用比喻、拟人、对比等修辞手法写自己殷勤留客，抒发了依依不舍的深情厚谊。

②司空曙（shǔ，720？—790？）：字文明，一说字文初，广平（今河北永年）人，唐代诗人，“大历十才子”之一，又是同为“大历十才子”的卢纶的表兄。屡次赴试，后登进士第。官至虞部郎中。司空曙磊落有奇才，在长安曾与卢纶、独孤及和钱起吟咏唱和。其诗多赠别、羁旅之作，善于表现异乡流落之感和穷愁失意之情，诗风“婉雅闲淡，语近性情”（《唐音癸签》卷七），意蕴深长。有《司空曙诗集》二卷。《全唐诗》录其诗二卷。

③前期：前约，约定以后见面的时间。

④难分：难以割舍，不忍别离。

⑤无将：莫使，不要用。故人：老朋友。

⑥石尤风：逆风。《江湖纪闻》载，一位姓石的女子嫁给一位尤姓商人，丈夫在外经商，一直没有回家。妻子忧郁成疾，临终前叹息道：没有阻止他出去，真是终生遗憾啊！今后要有商船远行的

话，我都会化为大风阻止它。

答　人[①]

太上隐者[②]

偶来松树下，高枕石头眠。
山中无历日[③]，寒尽不知年。

【注释】

①诗歌描写了一位无忧无虑的山中隐士远离尘世烦扰的悠闲舒适生活，含蓄地抒发了对社会现实的不满。答人：回答别人的问话。据说人们对一位追求闲适恬淡生活的隐者好奇，就当面问他的姓名，他笑而不答，写了这首诗作为回答。

②太上：太古、远古时代，相传那时人们生活在一个理想社会中。

③历：日历。

五 律

幸蜀回至剑门[①]

李隆基[②]

剑阁横云峻[③]，銮舆出狩回[④]。
翠屏千仞合[⑤]，丹嶂五丁开[⑥]。
灌木萦旗转[⑦]，仙云拂马来。
乘时方在德[⑧]，嗟尔勒铭才[⑨]。

【注释】

①诗作于唐肃宗至德二年（757）。唐玄宗天宝十四载（755），安史之乱爆发，天宝十五载，唐玄宗入蜀避难，太子李亨在灵武即位。次年，李亨迎玄宗回京，车驾到剑门，玄宗作此诗。诗歌联系神话传说写剑门的险峻，进而提出治国之道在于德政而不能依靠地势的险峻，反映了诗人乱后对治国方略的反思。幸蜀：到达四川，指安史之乱中到四川避难，是委婉的说法。幸，古代称帝王

到某处为幸。蜀，四川。剑门：剑门关，又名剑阁，在今四川剑阁东北，得名于剑门山，是大剑山和小剑山之间的栈道，三国时诸葛亮所建，关口险峻，有“一夫当关，万夫莫开”之说。

②李隆基（685—762）：即唐玄宗，是睿宗李旦第三子。始封楚王，后为临淄郡王。延和元年（712）即位。即位后励精图治，任用姚崇、宋璟为相，使唐朝经济、政治、文化等诸多领域的发展达到了顶峰，出现了开元盛世的辉煌局面。晚年纵情声色，重用权臣李林甫、杨国忠，国政日非，酿成安史之乱。他是唐朝在位时间最长的皇帝，李商隐在《马嵬》诗中称其“四纪为天子”。李隆基多才多艺，精通音律，工书法。《全唐诗》存诗一卷。

③横云峻：形容剑门关极高，横过云层。峻，高峻。

④銮舆（luán yú）：皇帝的车驾。出狩：皇帝离开京师到外地巡守，又称作巡守，这里是李隆基对自己出逃的一种委婉说法。

⑤翠屏：绿色的屏风。千仞（rèn）：形容山势高峻。仞，古代长度单位，一仞约为现在的八尺。

⑥丹嶂（zhàng）：赤红色的像屏障一样直立的陡峭山崖。五丁：典出《水经注·沔水》：“秦惠王欲伐蜀而不知道，作五石牛，以金置尾下，言能屎金，蜀王负力，令五丁引之成道。”五丁后喻指功勋卓著的功臣名将。

⑦萦（yíng）：绕。

⑧乘时方在德：《史记》中吴起说魏国的宝“在德不在险”。乘时，顺应时势。

⑨嗟（jiē）尔：赞叹你们。一说“尔”指张载。勒铭（lè míng）才：称赞随侍大臣们有张载一样的才华。张载，字孟阳，占籍安平武邑（今河北武邑县），晋代人。曾任佐著作郎，官至中书侍郎。因逢乱世，无意继续为官，辞归故里。张载高雅博学，与弟张协、张亢俱有文名，世称“三张”。明人辑其平生著作为《张孟阳集》。张载有

《剑阁铭》,其中有"兴实在德,险亦难恃"。勒铭,刻石记功。

和晋陵陆丞早春游望①

杜审言②

独有宦游人③,偏惊物候新④。
云霞出海曙⑤,梅柳渡江春。
淑气催黄鸟⑥,晴光转绿蘋⑦。
忽闻歌古调⑧,归思欲沾巾⑨。

【注释】

①诗题一作《和晋陵陆丞相早春游望》,陆丞即陆元方,武后时曾任宰相。陆有《早春游望》,杜审言就写了这首和作。诗以清丽的语言描绘出江南明媚的春景,表现了宦游在外的人对物候变化的敏锐感受,抒发了诗人深切的思乡之情,同时称颂了陆丞诗格调高古,富于艺术感染力。晋陵:县名,昆陵郡治所,在今江苏常州。

②杜审言(648?—708):字必简,祖籍襄州襄阳(今湖北襄阳襄州),父亲迁居巩县(今河南巩义),晋征南将军杜预的远裔。咸亨元年(670)擢进士第,曾拜著作郎,迁膳部员外郎。神龙初年流放岭南,不久召还,任国子监主簿、修文馆直学士。与李峤、崔融、苏味道为"文章四友"。他的诗以浑厚见长,精于律诗,尤工五律,与同时的沈佺期、宋之问齐名。他对律诗的定型做出了杰出的贡献,由此也奠定了他在诗歌发展史中的地位。有《杜审言集》。

③宦游:在外做官的人。

④偏：特别。物候：自然界显出季节变化的现象。

⑤曙（shǔ）：曙光。

⑥淑气：温暖的气候。

⑦晴光：晴朗的阳光。蘋（pín）：浮萍，蕨类植物，多年生水草，又名田字草。这里化用江淹《咏梅人春游》“江南二月春，东风转绿萍”句意。

⑧古调（diào）：古时传统曲调，这里指陆丞的《早春游望》。

⑨归思：思乡的念头。巾：手巾。

蓬莱三殿侍宴奉敕咏终南山①

杜审言

北斗挂城边②，南山倚殿前③。
云标金阙迥④，树杪玉堂悬⑤。
半岭通佳气⑥，中峰绕瑞烟。
小臣持献寿⑦，长此戴尧天⑧。

【注释】

①诗作于唐中宗景龙三年（709）十一月十五日，时中宗诞辰，长宁公主满月，中宗在蓬莱三殿赐宴群臣，杜审言奉命而作，当时李峤的应制诗有“神龙见象日，仙凤养雏年”句。诗以终南山为比较对象，写其祥云笼罩，然而比终南山更为高峻的却是皇宫，即使是北斗星也没有它高远，显示出皇宫的雄伟壮丽，同时表达了诗人愿世代昌宁如同帝尧时代的美好愿望。蓬莱三殿：唐大明宫内麟德殿，《长安志》载：“西北有麟德殿，此殿三面，南有阁……凡

内宴多于此殿。”奉敕（chì）：奉皇帝之命写诗。终南山：在今陕西西安南。

②北斗：北斗星。

③南山：终南山。

④云标：云端。金阙（què）：皇宫，指其富丽堂皇。迥（jiǒng）：高远。

⑤树杪（miǎo）：树梢。玉堂：本为汉代宫殿，这里泛指宫殿。

⑥半岭：半山腰。

⑦小臣：诗人自称。持：持酒。献寿：祝寿。

⑧戴：头顶着，引申为生活在什么情况下。尧天：如同尧帝时代一样的太平盛世。语出《论语·泰伯》：“唯天为大，唯尧则之。”

春夜别友人①

陈子昂

银烛吐清烟②，金尊对绮筵③。
离堂思琴瑟④，别路绕山川⑤。
明月隐高树，长河没晓天⑥。
悠悠洛阳去⑦，此会在何年⑧。

【注释】

①诗作于武则天垂拱四年（688）前后，诗人准备离开故乡，前往洛阳，友人张筵为他饯行，陈子昂赠诗二首，本诗为第一首。一说作于中宗文明元年（684），诗人离蜀赴洛阳应试。诗借景抒怀，按照由内到外的次序描绘一个即将远行的人眼中所见，抒发了诗人即将与友人分别的依依不舍，设想离别后路途的迢递，更增

加了分别时的惆怅，并表达了对重逢的期待。

②银烛：白色蜡烛。

③金尊：酒尊的美称，精美的酒杯。绮筵（qǐ yán）：丰盛的宴席。

④离堂：设宴饯别的客厅。琴瑟：指朋友宴饮之乐，典出《诗经·小雅·鹿鸣》："我有嘉宾，鼓琴鼓瑟。"

⑤别路：朋友分别后踏上的路程。

⑥长河：银河。

⑦悠悠：遥远，漫长。

⑧此会：这样的聚会。

长宁公主东庄侍宴①

李　峤②

别业临青甸③，鸣銮降紫霄④。
长筵鹓鹭集⑤，仙管凤凰调⑥。
树接南山近⑦，烟含北渚遥⑧。
承恩咸已醉⑨，恋赏未还镳⑩。

【注释】

①诗作于唐中宗景龙四年（710）四月一日，中宗幸长宁公主庄园，诗人奉命而作。这首应制诗，写诗人随驾到长宁公主东庄别墅宴会上的见闻感受，极尽铺张颂扬之能事。诗一开始就把皇帝车骑到东庄比作是从天而降，将宴会音乐比为仙乐，宴会之盛大非凡，也就不言而喻。三联描绘东庄景色气象阔大，南山渭水尽收眼底，尾联说明皇帝车驾流连忘返的原因。

②李峤（qiáo，644—713）：字巨山，赵州赞皇（今河北赞皇）人。二十举制策甲科进士，历高宗、武则天、中宗、玄宗四朝，累迁给事中、吏部尚书、中书令等职。李峤文学造诣很深，诗多咏物之作，与苏味道合称苏李，又与苏味道、崔融、杜审言并称“文章四友”。晚年被尊为文章宿老。代表作《汾阴行》颇为时人推崇。有《李峤集》。

③青甸：青色的郊原。

④銮（luán）：皇帝车驾上用的铃。紫霄：本指天，此指皇宫。

⑤长筵（yán）：长排的宴席。鹓（wǎn）鹭（lù）：本为两种鸟名，因为飞行有序，所以用来比喻百官朝见皇帝时秩序井然。

⑥仙管：管乐的美称。凤凰调：形容音调优美，像凤凰鸣叫。

⑦南山：终南山。

⑧渚（zhǔ）：水中陆地。

⑨承恩：蒙受恩典。咸：全、都。

⑩恋赏：流连玩赏。还镳（biāo）：返回。镳，马嚼子，这里代指马。

恩赐丽正殿书院赐宴应制得林字①

张　说

东壁图书府②，西园翰墨林③。
诵诗闻国政④，讲《易》见天心⑤。
位窃和羹重⑥，恩叨醉酒深⑦。
载歌春兴曲⑧，情竭为知音⑨。

【注释】

①唐玄宗开元十三年（725）建丽正殿书院，命张说为书院使，执掌儒臣讲读经史诸事。张说在宴席上，奉唐玄宗之命作诗，得“林”字韵。诗歌通过写丽正殿书院结构、作用，抒发了自己作为宰相监管书院的欣喜与感激，表达了自己将不辜负皇帝的厚爱竭力而为的决心。丽正殿书院：即丽正书院，唐玄宗开元十三年（725）建，是帝王读书的地方。制：古代称皇帝的命令为制。得林字：押林字韵。

②东壁：二十八星宿之一，由飞马座和仙女座组成，古人认为它是掌管天上文章图书的秘府，后世称皇家藏书秘府为东壁。《晋书·天文志上》：“东壁二星，主文章，天下图书之秘府也。”

③西园：三国时魏国园林，曹丕、曹植与建安七子等文人多在此筵集赋诗，后世称为西园雅集。翰墨：笔墨，这里指文人雅士。

④诗：《诗经》。闻：从中听到。国政：国家政事，治国道理。

⑤《易》：《易经》。天心：天意。

⑥位窃：诗人自谦的说法，居官。和羹（gēng）：调和羹汤，比喻宰相辅佐皇帝理政。

⑦恩叨（tāo）：即叨恩，受到恩惠。

⑧载（zài）：乃，就。春兴曲：充满春意的曲子，指本诗。

⑨情竭：尽情。知音：知己，知遇，这里指唐玄宗。

送友人①

李　白

青山横北郭②，白水绕东城③。

此地一为别，孤蓬万里征④。

浮云游子意[5]，落日故人情[6]。
挥手自兹去[7]，萧萧班马鸣[8]。

【注释】

①诗作于唐玄宗天宝末年（约754），李白在安徽宣城与游人赠别。一说作于唐玄宗开元二十六年（738），李白漫游江淮。诗歌以孤蓬、浮云作比喻，形象地写出了游子的孤苦无依、飘浮不定，以落日为喻，生动地写出诗人对友人依依惜别的深情，班马长嘶，进一步渲染了离愁别绪。

②郭：外城；古人称城外为郭，郭外为郊，郊外为野。

③白水：清澈的河水。

④蓬：蓬草，又名飞蓬，枯后根断，遇风飞旋，多用来比喻漂泊在外的旅人。

⑤游子：旅居他乡的人。

⑥故人：老朋友，指诗人自己。

⑦兹：此。

⑧萧萧：马鸣声。班马：离群的马，此指离别的马。班，别。

送友人入蜀[1]

李　白

见说蚕丛路[2]，崎岖不易行[3]。
山从人面起，云傍马头生。
芳树笼秦栈[4]，春流绕蜀城。
升沉应已定[5]，不必问君平[6]。

【注释】

①这首诗大约作于天宝二年(743),李白在长安送友人回四川时。这年春天,李白游坊州,不久归长安,适逢友人王炎入蜀,便作此诗及《剑阁赋》送之。诗中借用神话传说,描绘了蜀山的悬崖峭壁,突出了蜀道的崎岖和艰险,流露出李白对友人的关切之情;劝慰友人,不要对功名利禄耿耿于怀,同时用之自勉,暗寓诗人失意的牢骚。入蜀:到蜀地(今四川一带)去。

②见说:听说。蚕丛:古蜀国国王,借指蜀地。

③崎岖(qí qū):形容道路高低不平。

④笼:笼罩。秦栈(zhàn):秦时的栈道,这里是说栈道的古老。栈,在陡岩峭壁之上凿岩架木,上铺木板以通行。

⑤升沉:宦途得失。

⑥君平:汉代严遵,字君平,隐居成都,以占卜为生。

次北固山下①

王　湾②

客路青山外③,行舟绿水前。
潮平两岸阔④,风正一帆悬⑤。
海日生残夜⑥,江春入旧年⑦。
乡书何由达⑧,归雁洛阳边⑨。

【注释】

①诗题一作《江南意》。诗歌描绘出江南壮阔的美景,借鸿雁北飞抒发了客子淡淡的思乡愁绪。

②王湾（693—751）：洛阳人，先天年间（712—713）进士及第。开元初，为荥阳主簿。马怀素请校正群籍，编纂《群书四部录》，召博学之士，分部撰次，王湾在选。后又与陆绍伯等同校丽正院书，终洛阳尉。博学工诗，诗虽流传不多，但享名甚大。次：到，停留。北固山：在今江苏镇江北，下临长江，与焦山、金山并称京口三山。

③客路：大路，旅途。

④潮平：江水高涨而又平静。两岸阔：一作“两岸失”。

⑤风正：风顺。

⑥海日：从海上升起的朝阳。残夜：夜尽时，天快亮的时候。

⑦入旧年：指春暖早到节令交替。

⑧乡书：家信。何由达：由谁传递。

⑨归雁：我国古代有鸿雁传书的说法，源于《汉书·苏武传》。

苏氏别业①

祖　咏②

别业居幽处③，到来生隐心④。
南山当户牖⑤，沣水映园林⑥。
竹覆经冬雪，庭昏未夕阴。
寥寥人境外⑦，闲坐听春禽。

【注释】

①诗歌描绘了苏氏别业清幽寂静的景色，衬托了别业主人高洁的品质，表现了诗人出入其中感受到的超然。

②祖咏（699—746？）：洛阳人。唐开元年间中进士第，屡遭迁谪，仕途落拓，遂无意于政治，归隐汝坟别业，以渔樵隐居生活终。祖咏与王维交情颇深，往来酬唱频繁。王维在济州赠诗云："结交二十载，不得一日展。贫病子既深，契阔余不浅。"（《赠祖三咏》）其诗作以描写隐逸生活、山水风光为主，辞意清新、文字洗练，是盛唐山水田园诗派代表人之一。有《祖咏集》。

③幽处：幽静的地方。

④隐心：归隐山林的心思。

⑤南山：终南山。当：对着。户牖（yǒu）：门窗。

⑥沣（fēng）水：又作"丰水"，渭水的支流，发源于终南山。

⑦寥寥（liáo）：空寂，人迹罕至。

春宿左省①

杜　甫

花隐掖垣暮②，啾啾栖鸟过③。
星临万户动④，月傍九霄多⑤。
不寝听金钥⑥，因风想玉珂⑦。
明朝有封事⑧，数问夜如何⑨。

【注释】

①诗约作于唐肃宗乾元元年（758），杜甫时任左拾遗。诗歌描写了诗人门下省值夜班时从傍晚到深夜直至清晨的见闻感受，表现了诗人的小心谨慎、忠于职守与兴奋不已。宿：值宿，值夜班。左省：左掖，古时称门下省为左掖，在皇宫东边，临近左掖门。

②掖垣（yè yuán）：皇宫的旁垣，偏殿的短墙，也用来称中书、门下两省，这里指门下省。

③啾啾（jiū）：鸟鸣声。

④星临：星光下照。动：灿然欲动。

⑤九霄：九天，天的最高处，这里指宫殿。

⑥金钥：本指门上的钥匙，这里指开宫门的钥匙声。

⑦玉珂（kē）：马饰物，马铃。

⑧封事：臣下上书奏事，一代封缄，防止泄密。

⑨数（shuò）问：多次问。夜如何：夜色将近了吗。

题玄武禅师屋壁[1]

杜 甫

何年顾虎头[2]，满壁画沧州[3]。
赤日石林气，青天江海流[4]。
锡飞常近鹤[5]，杯渡不惊鸥[6]。
似得庐山路，真随惠远游[7]。

【注释】

①诗称颂画师精湛的技艺、画面的神奇，表达了自己观画后的欣赏、赞叹与痴迷，含蓄地表现了玄武禅师的法力、德行。玄武禅师：玄武庙中的僧人。禅师，是对和尚的尊称。玄武，山名，又名宜君山、三嵎山，在玄武县（今四川中江）东二里，一说是大雄山玄武庙。

②顾虎头：东晋著名画家顾恺之，子长康，小字虎头，晋陵无锡（今

江苏无锡）人，人称“才绝、画绝、痴绝”。

③沧州：临水的地方。

④青天：蓝天。

⑤锡飞常近鹤：化用梁武帝时高僧宝至与白鹤道人斗法的典故。《高僧传》载，舒州潜山风光奇绝，梁高僧宝至与白鹤道人都想到那里住。梁武帝知道后，就让他们各带自己的法宝一比高低。于是白鹤道人先放鹤先飞，宝至随后将锡杖抛向空中。待白鹤飞到时，锡杖已经先立到山上了。最后梁武帝分别在鹤杖所停的地方建立了寺院和道观。锡，锡杖，僧人化缘时用来叩门的拄杖，顶头装着锡环。

⑥杯渡：以木杯渡海。释慧皎《高僧传》卷一〇：“杯渡者，不知姓名，常乘木杯渡水，因而为目。初见在冀州，不修细行。神力卓越，世莫测其由来。……至孟津河，浮木杯于水，凭之度河，无假风棹，轻疾如飞，俄而度岸，达于京师。”后喻指高僧。真随：真愿意跟随。

⑦惠远：东晋高僧，曾在庐山修行，与陶渊明有交往。这里以惠远比玄武禅师，以陶渊明自比。

终南山①

王　维

太乙近天都，连山到海隅②。
白云回望合，青霭入看无③。
分野中峰变④，阴晴众壑殊⑤。
欲投人处宿⑥，隔水问樵夫。

【注释】

①唐玄宗开元末、天宝初，王维在终南别业过着亦官亦隐的生活，这首诗大约写于这一时期。诗以凝练而夸张的手法生动传神地写出终南山的巍峨雄伟、气象万千，表达了诗人的赞赏之情。

②“太乙”以下两句：用夸张的手法写终南山的高大雄伟，绵延不绝。太乙，又名太一，终南山的别名，是秦岭主山峰之一，西起今甘肃天水，东至今河南陕县。天都，天帝所居之处，近天都说其高峻。海隅（yú），海边。终南山并不到海边，这里是夸张的说法。

③“白云”以下两句：传神地描写出登山时观察到的奇特的云雾景观。回望，四面瞭望。青霭（ǎi），青色云气。入，接近，进入。

④分野：古人将天上的星宿和地上的区域相对应，叫作分野，这里是说终南山很大，一峰之隔便区域不同。中峰：最高处。

⑤壑（hè）：山谷。殊：不同。

⑥投：投奔。人处：有人居住的地方。

寄左省杜拾遗①

岑 参

联步趋丹陛②，分曹限紫薇③。
晓随天仗入④，暮惹御香归⑤。
白发悲花落，青云羡鸟飞⑥。
圣朝无阙事⑦，自觉谏书稀⑧。

【注释】

①诗作于唐肃宗至德二年至乾元元年（757—758）初，杜甫时任左拾遗，岑参任右补阙，二人都是谏官。这首酬赠诗描写诗人与杜甫联袂上朝的情形，称颂杜甫将青云直上，表现了自己的寂寞与迟暮之悲。也有人认为诗皮里阳秋，在貌似歌功颂德的言辞中，寄寓了对君王文过饰非的失望与不满。左省：门下省，因在宫殿左侧而得名。杜拾遗：杜甫，任左拾遗之职。

②联步：同步，并行，这里是说自己与杜甫一起上朝。趋：碎步上朝，极为谨慎的样子。丹陛（bì）：宫中的红色台阶，借指朝廷。

③分曹：分班，各立左右。限：分隔。紫薇：紫薇省，即中书省，诗人时任右补阙，属中书省，杜甫任左拾遗，属门下省，一左一右，分班办公。

④天仗：皇帝的仪仗。

⑤惹：沾染，带着。御香：朝会时金殿上的炉香。

⑥青云：比喻高官显爵，以鸟飞青云上比喻杜甫很快就要得到显贵的官职。

⑦圣朝：圣明的朝代，说当世。阙（quē）事：缺点，过失。阙，同“缺”。

⑧谏（jiàn）书：规劝皇帝的上书。

登总持阁①

岑 参

高阁逼诸天②，登临近日边。
晴开万井树③，愁看五陵烟。
槛外低秦岭④，窗中小渭川。
早知清净理⑤，常愿奉金仙⑥。

【注释】

①诗从多种角度用夸张的手法描绘总持阁的高大以及登临后感受到的超脱境界。总持阁:总持寺阁,故址在终南山上。总持,是佛教用语,意思是持善不失,持恶不生,无所缺漏。

②逼:迫近。诸天:佛教术语,指众神佛居住的地方。诸,也可解作之于、于。天,天空。

③井:指长安街道四方如井。

④槛(jiàn):栏杆。

⑤清净理:佛教中所说的远离罪恶与烦恼的禅理。

⑥奉:侍奉。金仙:佛像。传说汉明帝梦见一仙人身长一丈六尺,紫金身,就问是何人。有人回答说是西方的佛。明帝就派蔡愔到西域求佛。佛教就此传入中国。

登兖州城楼[①]

杜　甫

东郡趋庭日[②],南楼纵目初[③]。
浮云连海岱[④],平野入青徐[⑤]。
孤嶂秦碑在[⑥],荒城鲁殿余[⑦]。
从来多古意,临眺独踌躇[⑧]。

【注释】

①唐玄宗开元二十三年(735),杜甫赴京兆贡举下第,二十五年(737)漫游齐赵,其间到兖州看望父亲,作此诗。诗人描绘了登兖州城楼所见到的雄浑阔大的壮丽景观,由秦碑、鲁殿引发思古

之幽情。兖州：古称东郡，唐代州名，在今山东兖州西。

②趋庭：典出《论语·季氏》载："鲤（孔子儿子）趋而过庭。"意为随侍父母，这里指杜甫到兖州看望父亲杜闲。

③南楼：兖州南城楼。纵目：放眼远望。初：首次。

④海岱（dài）：黄海、泰山。岱，泰山的别名，泰山又称岱宗、岱山。入：一直延伸。

⑤平野：平旷的原野。青徐：青州（今山东益都）和徐州（今属江苏）。

⑥孤嶂（zhàng）：孤立的山峰，指泰山。秦碑：秦代的碑刻，据《史记》载，秦始皇二十八年（前219）东游泰山，于山上刻石颂德。

⑦鲁殿：鲁灵光殿，汉景帝刘启儿子鲁恭王刘余所建，旧址在今山东曲阜东二里。

⑧临眺（tiào）：登高远望。踌躇：犹豫不决的样子。

送杜少府之任蜀川①

王　勃②

城阙辅三秦③，风烟望五津④。
与君离别意⑤，同是宦游人。
海内存知己，天涯若比邻⑥。
无为在歧路⑦，儿女共沾巾⑧。

【注释】

①诗题一作《杜少府之任蜀州》，这是王勃供职长安时写的一首送别诗。这首赠别诗描绘了长安的阔大气象和西蜀的烟雾迷蒙，

表达了离别之意。颈联、尾联的劝慰显示了诗人不凡的胸襟和奋发向上的精神。少府：县尉，地位仅次于县令，掌管一县治安。之任：赴任。蜀川：今四川省。

②王勃（650—676）：字子安，绛州龙门（今山西河津）人，初唐诗人。与杨炯、卢照邻、骆宾王以诗文齐名，并称王杨卢骆，亦称“初唐四杰”。王勃的祖父王通是隋末著名学者，号文中子。王勃才华早露，未成年即被司刑太常伯刘祥道赞为神童，对策高第，授朝散郎。咸亨三年（672）补虢州参军，因擅杀官奴当诛，遇赦除名。其父亦受累贬为交趾令。上元二年（675）或三年（676），王勃南下探亲，渡海溺水，惊悸而死。王勃的诗今存八十多首，多为五言律诗和绝句。明代胡应麟认为王勃的五律“兴象婉然，气骨苍然，实首启盛（唐）、中（唐）妙境。五言绝亦舒写悲凉，洗削流调。究其才力，自是唐人开山祖”（《诗薮·内编》卷四）。有《王子安集》。

③城阙（què）：本指皇宫门前的望楼，这里指唐代京都长安。阙，宫门前的望楼。辅：拱卫，护着。三秦：指长安附近的关中一带，秦亡以后，项羽曾将秦国故地分为雍、塞、翟三个国家，故称三秦。

④风烟：风光烟色，美好的景色。五津：四川岷江从都江堰到彭山县一段中的五个渡口，即白华津、万里津、涉头津、江南津、江首津。

⑤君：您，指杜少府。离别意：离别的意绪。

⑥“海内”以下两句：《论语·颜渊》中有“四海之内皆兄弟也”的话，表达了海内一家的思想，曹植《赠白马王彪》：“丈夫志四海，万里犹比邻。”融入了男儿志在四方的意思，不过曹植的诗句更多的是一种无奈，王勃“海内存知己，天涯若比邻”化用了曹植诗意，用在友人间分别的场合，强调了朋友间的亲情，所谓心近无远近，洗去了别离场合中习见的缠绵悲恻，显示出诗人的胸襟与气量。海内，四海之内，指天下。知己，知心朋友。天涯，天边，极

远的地方。比邻,近邻。唐制四家为邻。

⑦无为:不要。歧(qí)路:岔路口。

⑧沾巾:让泪水沾湿手巾(或佩巾)。

送崔融①

杜审言

君王行出将②,书记远从征③。
祖帐连河阙④,军麾动洛城⑤。
旌旗朝朔气⑥,笳吹夜边声⑦。
坐觉烟尘扫⑧,秋风古北平⑨。

【注释】

①诗作于武则天万岁登封元年(696),当时契丹李尽忠在营州(今辽宁境内)反叛,朝廷派武三思率兵讨伐,崔融任节度使幕府掌书记随军出征,临行前朝廷设宴饯行,诗人赋诗赠之。诗人描绘出送别场面的壮观,设想军旅到达北方必将大功告成,表达了自己的祝福。崔融:唐代诗人,字安成,齐周全节(今山东历城附近)人。武后长安间任著作佐郎,迁右史。后贬袁州刺史,不久召回,授国子司业。

②行:将要。出将:派将出征。

③书记:指崔融,时任节度使幕府掌书记随军出征。

④祖帐:饯别时在野外临时搭建的帐篷。河阙(quē):即伊阙,在今河南洛阳西南,因龙门山(西山)和香山(东山)隔伊水夹峙如阙门,故称。

⑤军麾（huī）：军中旗帜，借指军旅。洛城：洛阳城。

⑥朔气：北方的寒气。

⑦笳（jiā）：胡笳，一种管乐器，类似笛子，军中用来发布号令。边声：边地的胡笳声。

⑧坐觉：顿觉。烟尘：战事。

⑨古北平：古代的北平郡，秦汉时叫右北平郡，西晋时称北平郡，唐初改称平州，治所在今河北卢龙东。

扈从登封途中作①

宋之问②

帐殿郁崔嵬③，仙游实壮哉④。
晓云连幕卷，夜火杂星回⑤。
谷暗千旗出⑥，山鸣万乘来⑦。
扈从良可赋⑧，终乏掞天才⑨。

【注释】

①武则天天册万岁二年（696）祭祀河南嵩山，将年号改为万岁登封，将嵩山所在的阳城县改名为登封县，宋之问随驾前往，在登山途中作了这首诗来颂扬。诗人用夸张的手法描写皇帝行宫的庄严华贵，显示了皇家的不凡气派，表达了歌功颂德之意。扈（hù）从：皇帝出行时随从护驾。

②宋之问（656？—712）：一名少连，字延清，汾州西河（今山西汾阳）人。与沈佺期齐名，世称沈宋。上元二年（675）进士及第。初与杨炯分直内教，不久授洛州参军，累转尚方监丞，预修大型

类书《三教珠英》。中宗增置修文馆学士，宋之问与薛稷、杜审言首膺其选，后任越州长史。睿宗即位，徙宋之问于钦州，寻赐死。宋之问精音律，在近体诗定型中起了重要作用。有《宋之问集》。

③帐殿：皇帝出巡时用帐幔搭建的临时宫殿。郁：文彩华丽的样子。崔嵬（wéi）：高大的样子。

④仙游：皇帝出巡的谀称。壮：雄壮威武。

⑤杂：杂同，连同。

⑥谷暗千旗出：上千面旗帜遮暗了山谷，扈从的军队走了过来。

⑦山鸣万乘（shèng）来：山间发出轰鸣声，皇帝的车驾由此经过。万乘，帝王。

⑧良可赋：实在值得赋诗。

⑨乏：缺少。掞（yàn）天才：形容非常有文采。掞天，光芒照天。掞，光芒。

题义公禅房①

孟浩然

义公习禅寂②，结宇依空林③。
户外一峰秀，阶前众壑深。
夕阳连雨足④，空翠落庭阴⑤。
看取莲花净⑥，方知不染心⑦。

【注释】

①诗题一作《题大禹义公房》。诗人用禅房幽静的环境衬托义公的道行高洁，巧妙地以莲花为比喻，称颂禅师内心一尘不染、毫无

尘俗思想。禅房:僧房。

②义公:唐代的一位高僧,与孟浩然有交往。习禅寂:习惯于佛教清寂的环境。

③结宇:构屋居住,造房。空林:空旷的山林。

④雨足:雨的踪迹。

⑤空翠:空明苍翠。

⑥莲花净:莲花出淤泥而不染,故多以莲花象征洁净。东晋高僧慧远在庐山创立了净土宗,谢灵运为他开凿了两个池塘种白莲花,所以称为白莲社,净土宗又称莲宗,它所宣扬的西方净土被称为莲邦。

⑦方:一作“应”。

醉后赠张九旭①

高　适

世上漫相识②,此翁殊不然③。
兴来书自圣④,醉后语尤颠⑤。
白发老闲事⑥,青云在目前⑦。
床头一壶酒,能更几回眠。

【注释】

①诗作于唐玄宗开元二十四年(736)。开元二十三年(735),诗人应征赴长安,落第。次年结交张旭、颜真卿等人,秋,营别业居淇上。诗人从张旭平日不轻易与人交往、兴来书圣、醉后语颠三个方面突出其豪放不羁,对其青云直上表示祝贺,对其日后能否如

往常一样生活表示关心与忧虑，显示了诗人与张旭的深厚友谊。张九旭：张旭，字伯高，吴县（今江苏苏州）人，唐代著名书法家，以草书著称，人称“草圣”，因排行第九，故称张九。与李白诗歌、裴旻剑舞为天下三绝。

②漫相识：随意交往。

③此翁：张旭。殊不然：特别与众不同。

④兴：兴致。

⑤颠：癫狂，张旭号称“张癫”。

⑥白发老闲事：直到晚年也不求闻达，唯闲居自乐为事。

⑦青云：青云直上，这里指张旭被唐玄宗召为博士一事。

玉台观①

杜　甫

浩劫因王造②，平台访古游③。
彩云萧史驻④，文字鲁恭留⑤。
宫阙通群帝⑥，乾坤到十洲⑦。
人传有笙鹤⑧，时过北山头。

【注释】

①唐代宗广德元年（763）杜甫寓居梓州（今四川三台），因汉州刺史房琯卒于阆中，杜甫为其治丧，此间游玉台观，作此诗。诗人用了一系列典故与神话传说，描绘了玉台观的雄伟壮丽景象，写出道观飘然出世的风貌。玉台观：道观名，唐滕王李元婴所建，在阆中（今属四川）北七里。

②浩劫：佛塔的大层级，这里指玉台观的台阶。王：滕王李元婴。

③访：寻访。

④萧史：《列仙传》载，萧史善吹箫，秦穆公便把喜欢箫的女儿弄玉嫁给了他，并为他们建造了凤台。数年以后，弄玉跨凤，萧史驾龙，双双升天。萧衍《游仙诗》："萧史暂徘徊，待我升龙辔。"沈佺期《凤箫曲》："昔时嬴女厌世纷，学吹凤箫乘彩云。含情转睐向萧史，千载红颜持赠君。"

⑤鲁恭：鲁恭王刘余，汉景帝子，在扩建宫殿时曾拆毁孔子旧宅，在墙壁间获得《古文尚书》等儒家经典，此处用鲁恭王所保留的儒家经典比喻玉台观上的题词。

⑥群帝：五方之帝，道教认为天有群帝，而大帝最尊。

⑦十洲：古代传说中仙人居住的十个岛屿，即《海内十洲记》所载的祖洲、瀛洲、玄洲、炎洲、长洲、元洲、流洲、生洲、凤麟洲、聚窟洲，此处泛指四海之地。

⑧笙（shēng）鹤：《神仙传》载，周灵王之子子乔，好吹笙，作凤鸣，游伊洛间，道士浮丘公接他上了嵩山。三十多年后，他在缑氏山顶，挥手告别世人乘鹤而去。

观李固请司马弟山水图①

杜　甫

方丈浑连水②，天台总映云③。
人间长见画，老去恨空闻④。
范蠡舟偏小⑤，王乔鹤不群⑥。
此生随万物⑦，何处出尘氛⑧。

【注释】

①诗作于唐代宗广德二年（764），蜀人李固将表弟给他画的画挂在墙上，请杜甫题咏。这首题画诗赞美山水画的形象逼真、绘画者技艺高超，借画中景色表达出对隐逸、游仙生活的向往，含蓄地表达了对社会现实的不满。李固：蜀人，其弟曾任司马，能作山水画。

②方丈：传说中的仙山，《史记·秦始皇本纪》："海中有三神山，名曰蓬莱、方丈、瀛洲，仙人居之。"这里指画中的仙境。浑：全。

③天台：山名，在今浙江天台西，《天台赋》："涉海则有方丈、蓬莱，登陆则有四明、天台。"

④恨：遗憾。空闻：只是听说而已。

⑤范蠡（lǐ）：春秋时越国大夫，辅佐勾践灭吴之后，携西施泛舟太湖，不知所向。

⑥王乔：王子乔。汉刘向《列仙传·王子乔》："王子乔者，周灵王太子晋也。好吹笙，作凤凰鸣。游伊洛之间，道士浮丘公接以上嵩高山。三十余年后，求之于山上，见桓良曰：'告我家：七月七日待我于缑氏山巅。'至时果乘白鹤驻山头，望之不得到，举手谢时人，数日而去。"王乔鹤后来比喻洒脱不凡之人，或指鹤。

⑦随万物：随万物而浮沉，即随俗而生。

⑧尘氛：尘俗世间。

旅夜书怀[1]

杜　甫

细草微风岸[2]，危樯独夜舟[3]。

星垂平野阔，月涌大江流[4]。

名岂文章著，官因老病休[⑤]。
飘飘何所似，天地一沙鸥[⑥]。

【注释】

①唐代宗永泰元年（765），严武去世，杜甫辞去幕僚职务，携家眷离开成都草堂，乘舟东下。这首诗便是写于从成都经嘉州（四川乐山）、渝州（今重庆）到忠州（四川忠县）的路上。诗以雄浑壮阔的景象衬托一叶扁舟的微不足道，以孤苦飘零的沙鸥比喻自己，表现出诗人的凄苦悲凉以及孤独寂寞。

②细草：江岸小草。

③危樯（qiáng）：高耸的桅杆。独夜舟：夜泊孤舟。

④“星垂”以下两句：因为原野宽阔，所以星星显得好像从天空垂下一样，形象地描绘出原野的辽阔；长江奔腾不息，辽阔无边，所以月亮好似从江面上涌现。“垂”、“涌”字化静态为动态，既显现了景象的壮观，又有一种压迫感。这样的广阔天地中，诗人只是如同离群索居的沙鸥，更见出内心的凄苦。星垂，星光低垂。涌，腾跃，此指波光闪烁。大江，长江。

⑤因：应该，想必。

⑥“飘飘”以下两句：以设问的手法用沙鸥作比喻，描述自己孤苦凄凉的境遇。飘飘，漂泊。沙鸥，杜甫自况。

登岳阳楼[①]

杜　甫

昔闻洞庭水[②]，今上岳阳楼[③]。
吴楚东南坼[④]，乾坤日夜浮[⑤]。

亲朋无一字⑥，老病有孤舟。
戎马关山北⑦，凭轩涕泗流⑧。

【注释】

①诗写于唐代宗大历三年（768）岁末，当时吐蕃侵略陇右、关中一带，杜甫携家眷由公安（今湖北境内）南来，抵达岳阳，登临岳阳楼，赋诗咏怀。诗歌描绘了洞庭湖的浩瀚壮阔景象，寄寓了诗人身世坎坷、怀才不遇、孤苦飘零等复杂的感情，对国家时局忧心忡忡。

②洞庭水：洞庭湖，在今湖南东北部。

③岳阳楼：岳阳（今属湖南）城西门楼，高三层，为开元年间岳州刺史张说所建，前临洞庭湖，宋范致明《岳阳风土记》载："岳阳楼，城西门楼也。下瞰洞庭，景物宽阔。"

④吴楚：春秋时两个诸侯国名，其地域大致在我国东南部的湖南、湖北、江西、安徽、浙江、江苏等长江中下游一带地方。坼（chè）：分开，古楚地大致在洞庭湖的西北部，吴在湖的东南部，两地好似为湖水分开。

⑤乾坤日夜浮：通过乾坤在湖中悬浮写出洞庭湖的广阔与气势。乾坤，天地。《水经注·湘水》载："洞庭湖水广八百余里，日月出没其中。"这里说洞庭湖湖面宽广。

⑥字：书信。

⑦戎马：兵马，此指战事。当时吐蕃不断侵扰灵武等地，郭子仪领兵五万驻守奉天（今陕西乾县）。关山北：泛指北方边地。

⑧凭轩：依着楼窗。涕泗（sì）：眼泪鼻涕。

江南旅情①

祖　咏

楚山不可极②，归路但萧条③。
海色晴看雨④，江声夜听潮⑤。
剑留南斗近⑥，书寄北风遥⑦。
为报空潭橘⑧，无媒寄洛桥⑨。

【注释】

①诗以江南景色作衬托，写出诗人羁旅漂泊之苦；归路萧条，写出诗人索然无绪；“北风遥”，书信难寄；“无媒”寄橘，写出了乡音难达的思乡之苦。

②楚山：泛指江南的山。极：尽。

③归路：归途，返乡的路。但：只。萧条：冷落寂寞的样子。

④海色：海上日出的景色。又解作江边的景色。

⑤江声：江水奔流的声音。夜听潮：从江流奔腾声判断是否涨潮。

⑥南斗：星名，其分野正对吴地。《晋书·张华传》载，吴灭晋兴之际，有紫气直射斗、牛二星之间。晋尚书张华请教雷焕，被告知是宝剑之精上彻于天，在豫章丰城。张华就让雷焕当丰城县令，掘出龙泉、太阿两把剑，当晚斗牛间的紫气就消失了。

⑦书寄北风遥：要往北方寄封家信，却像是北风吹鸿雁，能南不能北。

⑧空潭橘：泛指南方的橘子。空潭，深潭，指昭潭，在湖南境内，湘江水最深的地方，古时有“昭潭无底橘洲浮”的说法。

⑨媒：捎信人。洛桥：洛水上的天津桥，在洛阳，这里指代诗人故乡洛阳。

宿龙兴寺①

綦毋潜②

香刹夜忘归③，松清古殿扉。
灯明方丈室④，珠系比丘衣⑤。
白日传心净⑥，青莲喻法微⑦。
天花落不尽，处处鸟衔飞⑧。

【注释】

①诗写诗人游览佛寺留宿不归的见闻感受，反映了僧侣的夜间生活，传达了玄妙的佛理，表达了诗人超脱尘俗向往方外的思想。龙兴寺：其所指说法不一，一说在今湖北房县西北，一说在今湖南零陵西南。

②綦（qí）毋潜（692—749？）：字孝通，一作季通，荆南（今湖北江陵）人。开元十四年（726）进士及第，官宜寿尉、左拾遗。开元十八年，入为集贤院待制，为著作郎。天宝十一载（752）任左拾遗，后迁为著作郎。安史之乱后，他再度归隐，游于江淮一带。其诗善写幽寂之景，诗风接近王维，充满禅理，为盛唐田园山水诗代表人物之一。前人对他的评价很高："盛唐时，江右诗人惟潜最著"、"清回拔俗处，故是摩诘一路人"。《全唐诗》收录其诗一卷，共二十六首。

③香刹（chà）：佛寺。

④方丈:寺院长老或住持说法处,《法苑珠林·感通圣迹》:"以笏量基止,有十笏,故号方丈之室。"此处泛指禅房。

⑤珠:佛教徒所挂的念珠。比丘:和尚。

⑥白日:这里比喻长老传法时,心像白日那样明朗洁净。

⑦青莲:青色莲花,佛教以为莲花清净无染,常用来指称和佛教有关的事务,这里指佛经。微:精微。

⑧"天花"以下两句:典出《维摩经·观众生品》载,佛祖让天女散花来试探菩萨和声闻弟子的道行,花落之不尽,有鸟衔之而去。

破山寺后禅院①

常　建②

清晨入古寺,初日照高林③。
曲径通幽处④,禅房花木深。
山光悦鸟性,潭影空人心。
万籁此俱寂⑤,惟闻钟磬音⑥。

【注释】

①诗题一作《题山寺后禅院》。诗描绘了山寺后禅院幽雅清静的环境,诗人由此领会到玄妙的佛理,抒发了诗人对方外生活的向往。破山寺:又名兴福寺,故址在今江苏常熟虞山北,始建于南朝齐,唐咸通九年(868)赐额破山兴福寺。

②常建:唐代诗人,长安(今陕西西安)人。开元十五年(727)与王昌龄同榜登科。曾官盱眙尉,后隐居鄂州武昌之西山。常建一生沉沦失意,耿介自守,不趋附权贵。诗多为五言,以描写田园

风光、山林逸趣为主。意境恬淡清迥，语言洗炼自然，风格质朴清新，为盛唐山水田园诗派的重要作家，有“王、孟、储（储光羲）、常”之称。禅房：寺院中僧侣居住的地方。

③初日：刚刚升起的太阳。

④曲径：弯弯曲曲的小路。幽处：幽静的地方。

⑤万籁（lài）：自然界的各种声音。此俱寂：这里一切都很寂静。

⑥惟闻：只听到。钟磬（qìng）：寺院里的两种乐器，诵经、斋供时用以敲击的信号，发动时用钟，终止时用磬。

题松汀驿①

张　祜②

山色远含空③，苍茫泽国东④。
海明先见日，江白迥闻风⑤。
鸟道高原去⑥，人烟小径通⑦。
那知旧遗逸⑧，不在五湖中。

【注释】

①诗以清丽的语言描绘了江南美景以及道路逼仄，抒发了寻友不遇的怅惘。也有人认为此诗含有对排挤自己的人的讽刺。松汀驿：驿站名，在太湖东部江苏吴江一带，具体位置不详。

②张祜（hù，782—852）：字承吉，郡望清河东武城（今山东武城西北），南阳人，中晚唐著名诗人。早年曾浪迹江湖，狂放不羁。累试不第。曾受节度使令狐楚赏识，上表推荐，遭到元稹反对未能任用。张祜尝客淮南，爱丹阳（今属江苏）曲阿地，筑室卜隐。作

诗用心良苦，宫词辞曲艳发，五律沉静浑厚，有隐逸之气。杜牧称赞说："何处得似张公子，千首诗轻万户侯。"有《张祜诗集》、《张承吉文集》。

③含：衔接。

④苍茫：旷远迷茫的样子。泽国：多水的地方。

⑤迥（jiǒng）：远。

⑥鸟道：只有鸟可以飞越的地方，形容山路险峻狭窄。

⑦人烟：人迹，住户。

⑧那（nǎ）知：哪知，谁知道。旧遗逸：指诗人隐居江湖的旧友。遗逸，隐身遁迹的人。

圣果寺①

释处默②

路自中峰上③，盘回出薜萝④。
到江吴地尽⑤，隔岸越山多。
古木丛青蔼⑥，遥天浸白波。
下方城郭近⑦，钟磬杂笙歌⑧。

【注释】

①诗歌写出圣果寺地势的高远、环境的优雅以及俯瞰吴越的气势，虽然靠近尘世却清者自清，不为流俗所扰，表达了诗人方外生活的自适。圣果寺：故址在浙江杭州城南凤凰山上。

②处默：越僧人，曾与释贯休有密切往来，后入庐山，与释修睦、栖隐游，为罗隐、郑谷诗友。

③中峰：主峰。

④盘回：盘旋萦绕的山路。薜（bì）萝：薜荔、女萝，两种藤萝植物。

⑤江：钱塘江，古时江北属吴，江南属越。

⑥青蔼（ǎi）：代指密林。蔼，茂盛的样子。

⑦下方：山下。城郭：位于凤凰山北的杭州城。

⑧钟磬（qìng）：佛教所用乐器。笙歌：笙管歌舞。

野　望[1]

王　绩[2]

东皋薄暮望[3]，徙倚欲何依[4]。
树树皆秋色，山山惟落晖[5]。
牧人驱犊返[6]，猎马带禽归。
相顾无相识[7]，长歌怀采薇[8]。

【注释】

①诗歌用散点透视的方法，描绘出一幅动人的山居暮归秋景图，在闲适的情调中抒发了诗人凄凉无依的情感，一说寄托了诗人避世隐居之意。

②王绩（586—644）：王通之弟，字无功，自号东皋子、五斗先生。祖籍祁县，后迁绛州龙门（今山西河津）。隋大业元年（605）应孝廉举，中高第，授秘书正字，后为六合县丞。贞观初，太乐署史焦革善酿酒，王绩自求任太乐丞。他把焦革的制酒法总结为《酒经》一卷，又收集杜康、仪狄等善酿者的经验，写成《酒谱》一卷。好弹琴，又精于占卜算卦，兼长射覆。诗歌多写山水田园风光与隐士

生活，平淡疏野，对唐诗的发展有一定影响。有《王无功文集》。

③东皋（gāo）：绛州龙门的一个地方，诗人归隐后的常游之地。皋，水边地。

④徙倚：徘徊。欲何依：打算依靠什么，描绘诗人内心苦闷、彷徨不安的神态。

⑤落晖（huī）：夕阳余晖。

⑥犊（dú）：小牛。

⑦相顾：相看。

⑧采薇：《诗经·召南·草虫》："陟彼南山，言采其薇。未见君子，我心伤悲。"《诗经·小雅·采薇》："采薇采薇，薇亦作止。曰归曰归，岁亦莫止。靡室靡家，猃狁之故。不遑启居，猃狁之故。"诗人联想到《诗经》中关于"采薇"的片断，借以抒发苦闷。一说此处引用伯夷、叔齐的典故，寄托避世隐居之意。薇，野菜名，多年生草本植物，嫩叶可食。

送别崔著作东征①

陈子昂

金天方肃杀②，白露始专征③。
王师非乐战④，之子慎佳兵⑤。
海气侵南部⑥，边风扫北平⑦。
莫卖卢龙塞⑧，归邀麟阁名⑨。

【注释】

①这首诗作于武则天万岁通天元年（696）五月，契丹侵入营州，朝

廷任命梁王武三思为榆关道安抚使东征，崔融任东征书记随军前行，陈子昂以此诗相劝诫。诗既写出出征的事出有因，又谆谆告诫友人千万不要滥杀无辜、虚报战功，表达了诗人的政治主张，即不怕用兵但要慎于用兵。崔著作：崔融，字安成，武则天时期诗人，与李峤、苏味道、杜审言并称“文章四友”。

②金天：秋天，因秋季于五行属金故称。肃杀：严酷萧瑟的样子。古人以为秋季充满肃杀之气，正好用兵。

③白露：节气名，为立秋之后的第三个节气。专征：专门从事征伐。

④王师：帝王的军队。乐战：喜欢打仗。

⑤之子：这些从征的人，指崔融等。佳兵：《老子》：“夫佳兵者，不祥之器。”佳，据前人考证为“隹”的误写，隹，古“唯”字，虚词。佳兵即用兵。

⑥海气：边地战尘。侵南部：往南侵犯窜扰。

⑦扫：扫荡，荡平。北平：郡名，治所在今河北卢龙县。

⑧卖：出卖。卢龙塞（sài）：古代军事要塞，在今河北省喜峰口关附近。

⑨麟阁：麒麟阁，汉代所建，在未央宫中，上画功臣图像以表彰其功勋。

携妓纳凉晚际遇雨　其一①

杜　甫

落日放船好②，轻风生浪迟。
竹深留客处，荷净纳凉时。
公子调冰水③，佳人雪藕丝④。
片云头上黑，应是雨催诗。

【注释】

①诗题一作《陪诸贵公子丈八沟携妓纳凉晚际遇雨二首》，此为第一首。诗写贵介公子游赏之乐。才子佳人薄暮泛舟，竹下荷间，正宜避暑；调冰水，雪藕丝，极为舒适；即使是乌云乍起，也无非是上天凑趣，催人作诗。纳凉：乘凉。

②放船：泛舟。

③调冰水：调和冰块化成的饮料。

④雪藕丝：雪，擦拭。藕丝，彩色名，雪藕丝即美貌女子在涂脂抹彩梳妆打扮。一说雪藕丝是切藕成丝。

携妓纳凉晚际遇雨 其二[①]

杜 甫

雨来沾席上[②]，风急打船头。
越女红裙湿[③]，燕姬翠黛愁[④]。
缆侵堤柳系[⑤]，幔卷浪花浮[⑥]。
归路翻萧飒[⑦]，陂塘五月秋[⑧]。

【注释】

①诗承上首写贵介公子游赏时遇雨之后的情景，描绘出风雨骤至雨湿衣衫的狼狈、避雨柳岸以及雨停后归路的萧条冷落。

②沾：溅。

③越女：南方的佳人。

④燕姬：北方的美女，越女燕姬这里指歌妓。翠黛（dài）：女子的眉毛，古代女子用螺黛画眉，故有此称。

⑤缆：拴船的缆绳。侵：迫近，靠近。

⑥幔（màn）：船上的布幔，用以遮阳。

⑦翻：反而。萧飒（sà）：萧条冷落。

⑧陂（bēi）塘：池塘。

宿云门寺阁①

孙 逖②

香阁东山下③，烟花象外幽④。
悬灯千嶂夕⑤，卷幔五湖秋⑥。
画壁余鸿雁，纱窗宿斗牛⑦。
更疑天路近，梦与白云游。

【注释】

①诗写夜宿云门寺的见闻感受，用夸张的手法写出山寺幽清险峻，表达了诗人由于夜宿山寺而产生的方外之想。云门寺：故址在今浙江绍兴云门山上。

②孙逖（tì，696？—761）：唐河南洛阳人。开元中官中书舍人、典制诰，官终太子少詹事。与颜真卿、李华为当时名士。

③香阁：云门寺阁，佛教称佛地有众香国，楼阁苑囿都香。东山：云门山。

④烟花：繁花盛开的景色，这里借指美好的景色。象外：物象之外，尘俗之外。

⑤千嶂（zhàng）：千山。

⑥五湖：本指太湖及其附近湖泊，此指镜湖。

⑦斗牛：二星宿，其分野相当于今浙江、江苏、安徽、江西一带，时作者在浙江，故有“宿斗牛”之说。

秋登宣城谢朓北楼①

李 白

江城如画里②，山晚望晴空。
两水夹明镜③，双桥落彩虹④。
人烟寒橘柚，秋色老梧桐。
谁念北楼上，临风怀谢公⑤。

【注释】

①李白在长安郁郁不得志，不得已浪迹天涯。唐玄宗天宝十二载（753）秋季，他第二次来到宣城，在谢公楼写下了这首诗。诗描绘了谢朓北楼明丽的秋景和萧瑟的秋意，抒发了对谢朓深切的思古幽情，反映了诗人对谢朓的敬意。宣城：唐宣州治所，在今安徽水阳江西岸。谢朓北楼：即谢朓楼、谢公楼，为南齐谢朓任宣城太守时所建，在陵阳山顶，御史中丞兼宣州刺史独孤霖将北楼改建，因其地势高且险，崖叠如嶂，故题名“叠嶂楼”。

②江城：指宣城。

③两水：指环绕宣城的宛溪、句溪。

④双桥：指宛溪上的凤凰、济川二桥，隋朝开皇年间建造。

⑤谢公：对谢朓的敬称。

临洞庭①

孟浩然

八月湖水平②，涵虚混太清③。
气蒸云梦泽④，波撼岳阳城⑤。
欲济无舟楫⑥，端居耻圣明⑦。
坐观垂钓者，徒有羡鱼情⑧。

【注释】

①诗题一作《望洞庭湖赠张丞相》，又作《岳阳楼》。这是首干谒诗，作于唐玄宗开元四至五年（716—717）。当时，张说任岳州刺史，孟浩然作此诗投赠，希望得到引荐。一说作于唐玄宗开元二十一年（733），孟浩然西游长安，写诗呈献给时任丞相的张九龄，以求得到引荐。诗描绘出洞庭湖秋天的壮观奇伟景象，抒发了诗人求官不得的郁郁苦闷，表达了希望得到引荐的心情。

②平：湖水齐岸，风平浪静。

③涵（hán）虚：包含太空，形容湖面很广，简直可以包容整个天空。混：同。太清：天的代称。

④气蒸：水面上云气蒸腾。云梦泽：古时二湖泽名，在今湖北南部，湖南北部。云泽在长江北，梦泽在长江南，今多为陆地。

⑤波撼：洞庭湖水波涛汹涌，似乎可以震撼岳阳城。

⑥济：渡。舟楫（jí）：船、桨。

⑦端居：安居，闲居，这里指隐居。耻：感到羞耻。圣明：皇帝圣哲明睿，任用贤明。

⑧羡鱼情：这里以垂钓者比喻隐居者，以羡鱼情比喻脱俗的愿望。羡鱼，《淮南子·说林训》："临河而羡鱼，不如退而结网。"

过香积寺①

王　维

不知香积寺，数里入云峰②。
古木无人径，深山何处钟。
泉声咽危石③，日色冷青松④。
薄暮空潭曲⑤，安禅制毒龙⑥。

【注释】

①诗歌描绘了香积寺幽深寂静的环境、僧人禅坐的情形，表达了诗人的禅悦之情和对佛教生活的向往。过：访问。香积寺：一名开利寺，故址在今陕西西安南。

②云峰：云雾缭绕的山峰。

③泉声咽危石：泉水在高耸的岩石间流淌，声音如同人在呜咽。咽，呜咽。危，高。

④日色冷青松：日光照耀下青松让人产生一种阴冷的感觉，写出山深林茂、人迹罕至的情形。

⑤空潭：明净清澈的水潭。

⑥安禅：禅定，僧人坐禅入定。毒龙：佛经中的凶猛动物，这里比喻非分的想法和欲望。《涅槃经》载，某寺潭中有一条毒龙，一位高僧禅定于潭上念咒语，毒龙浮出水面悔过自新。顾况《寄江南鹤林寺石冰上人》："定力超香象，真言摄毒龙。"

送郑侍御谪闽中[1]

高　适

谪去君无恨[2]，闽中我旧过[3]。
大都秋雁少[4]，只是夜猿多。
东路云山合[5]，南天瘴疠和[6]。
自当逢雨露[7]，行矣慎风波[8]。

【注释】

①诗作于天宝十一载（752）秋长安，上半年高适为封丘尉，秋辞职客游长安，与杜甫、岑参、储光曦等同游。秋冬之际，被哥舒翰表为左骁卫兵参军，遂赴幕府，任书记。这是诗人友人郑侍御贬谪到福建，诗人写给他的诗，诗人以自己的亲身经历向友人介绍闽中风物，意在安慰友人，并着重指出生逢盛世，早晚会得到帝王的恩泽，表达了对友人的美好祝福。侍御：古代达官的侍从。

②谪（zhé）：贬谪，古代官员被降职或者外调。无：通“毋”，不要。

③闽（mǐn）中：今福建一带。旧过：以前去过。

④大都：大概。秋雁少：因闽中在南岭南，大雁大都不过南岭，故称秋雁少。

⑤东路：向东行走。

⑥瘴疠（zhàng lì）：南方山林间的毒气和瘟疫病毒。

⑦自当：终当，终究会。雨露：比喻皇帝的恩泽。隋炀帝时宫女侯夫人《自感诗三首》第三首：“不及间花草，翻承雨露多。”李隆基《赐崔日知往潞州》：“藩镇讴谣满，行宫雨露深。”

⑧慎风波：比喻的手法，劝诫友人处事要谨慎。

秦州杂诗[1]

杜 甫

风林戈未息[2]，鱼海路常难[3]。
候火云峰峻[4]，悬军幕井干[5]。
风连西极动[6]，月过北庭寒[7]。
故老思飞将[8]，何时议筑坛[9]。

【注释】

①诗作于唐肃宗乾元二载（759）秋。杜甫为房琯辩护得罪肃宗，由左拾遗贬为华州司功参军，这一年关辅（关中）闹饥荒，杜甫弃职举家避居秦州，作《秦州杂诗二十首》，本篇是第十九首。诗写出当时战乱不息、边事不宁以及战士行军环境的恶劣，表达了诗人对时局动荡的焦虑不安。秦州：今甘肃天水。

②凤林：凤林关，秦州境内，在今甘肃临夏西北。戈：干戈，战争。

③鱼海：地名，秦州境内，当时常为吐蕃所侵扰。路常难：常有战事，道路难通。

④候火：烽火，边境报警的火。候，通“堠”，哨所。云峰峻：这里形容烽火高而烈，情况紧急。

⑤悬军：孤军深入。幕井：有井盖的井。

⑥西极：西方极远之地，指唐代西北边境。

⑦北庭：唐代曾设北庭都护府，在今新疆吉木萨尔县北的破城子。

⑧故老：泛指边城的老百姓。飞将：汉代名将李广英勇善战，匈奴

人称为“飞将军”。

⑨筑坛：筑坛拜将。汉高祖刘邦曾斋戒设坛场，拜韩信为大将军。《史记·淮阴侯列传》载：汉王欲拜韩信为将，“（萧）何曰：虽为将，信必不留。王曰：以为大将。何曰：幸甚。于是王欲召信拜之。何曰：王素慢无礼，今拜大将如呼小儿耳，此乃信所以去也。王必欲拜之，择良日，斋戒，设坛场，具礼，乃可耳。王许之。诸将皆喜，人人各自以为得大将。至拜大将，乃韩信也，一军皆惊。”

禹　庙①

杜　甫

禹庙空山里②，秋风落日斜③。
荒庭垂橘柚④，古屋画龙蛇⑤。
云气生虚壁，江深走白沙。
早知乘四载⑥，疏凿控三巴⑦。

【注释】

①诗作于唐代宗永泰元年（765）秋，杜甫出蜀东下，途经忠州时，游览禹庙。诗描绘出禹庙凄清荒凉的景色，歌颂了大禹不畏艰险为民造福的精神，含蓄地讽刺了当时社会凋敝不堪的现实，希望统治者能重整山河，实现国泰民安。

②禹（yǔ）庙：在忠州（治所在今四川忠县）岷江边的山崖上，为纪念大禹所建。

③斜：斜照。

④橘柚：一作“桔柚”，桔为橘的俗写。《尚书·禹贡》载：“厥包桔柚。”意思是说，把桔柚包好，以便进贡。大禹治水后，人民安居乐业，南方的百姓也将丰收的桔柚包好进贡。

⑤龙蛇：《孟子·滕文公》载，大禹治水时，“掘地而注之海，驱龙蛇而放之菹（zù）”。

⑥四载：《书传》载：“水乘舟，路乘车，泥乘楯，山乘樏（léi）。”舟、车、楯、樏四种交通工具被称为四载。

⑦疏凿：凿开山崖，疏通水道。三巴：巴郡、巴东、巴西，这里泛指四川一带。

望秦川①

李　颀②

秦川朝望迥③，日出正东峰。
远近山河净④。逶迤城阙重⑤。
秋声万户竹，寒色五陵松。
客有归欤叹⑥，凄其霜露浓⑦。

【注释】

①诗作于唐玄宗开元二十九年（741），李颀弃官后隐居颍阳东川，与王维、高适、王昌龄等人相过往，这首诗写于诗人罢职之后出长安过秦川时。诗描绘出帝都的壮丽与秦川萧瑟的秋景，委婉含蓄的地表达了诗人罢职之后内心的惆怅与苦闷。

②李颀（qí，690？—751？），赵郡（今河北赵县）人，少年时曾寓居河南登封。唐开元年间中进士第，曾任新乡县尉，久未迁调，后归

颍阳嵩山、少室山一带的东川别业，隐居以终。诗长于五古及七言歌行，以写边塞题材为主，风格慷慨悲凉。有《李颀集》。

③秦川：地名，泛指今陕西、甘肃秦岭以北地区。朝望：早晨东望。迥（jiǒng）：远。

④净：明净。

⑤逶迤（wēi yí）：连绵不断的样子。重：重叠。

⑥归欤（yú）：回去吧。孔子困陈，有“归欤”之叹。陶渊明《归去来兮辞》云：“归去来兮，田园将芜胡不归？”

⑦凄其：寒冷貌，《诗经・邶风・绿衣》有：“凄其以风。”

同王征君洞庭有怀①

张　谓②

八月洞庭秋，潇湘水北流③。
还家万里梦，为客五更愁。
不用开书帙④，偏宜上酒楼⑤。
故人京洛满⑥，何日复同游。

【注释】

①诗题一作《同王征君湘中有怀》。诗约作于唐代宗大历二三年（767—768）潭州刺史任上。大历二年（767）诗人任潭州刺史，与元结有往来，颇得其赏识，大历三年（768），张谓入朝为太子左庶子，离开潭州。诗由潇湘北流引发思乡之情，登楼饮酒本为消愁，却触发了往昔宴饮的回忆，徒增愁绪，诗歌生动地写出羁旅之愁。征君：古代对曾受到朝廷征召而不肯做官的隐士的尊称。

②张谓：字正言，怀州河内（今河南沁阳）人，唐代诗人。唐玄宗天宝二年（743）登进士第。天宝后期，在北庭都护、伊西节度使封常清幕府为属官，参预军中谋划等事宜，立有功勋。历官潭州刺史、太子左庶子、礼部侍郎。约在大历末年去世。其诗多五、七言律。清新流畅，趣味盎然。《全唐诗》存其诗一卷。

③潇（xiāo）湘（xiāng）：湖南二水名，湘江流至零陵县与潇水汇合，北流入洞庭湖。

④书帙（zhì）：书籍。帙，布帛作的包书的套子。

⑤偏宜：最应该。

⑥京洛：京都长安及东都洛阳一带。

渡扬子江①

丁仙芝②

桂楫中流望③，空波两畔明。
林开扬子驿，山出润州城④。
海尽边阴静⑤，江寒朔吹生⑥。
更闻枫叶下，淅沥度秋声⑦。

【注释】

①作者一说是孟浩然。诗以“望”字为核心，移步换景，抓住人在船中视角不断变化的特征，描绘出一幅优美的扬子江秋景图，寄予了诗人淡淡的思乡愁绪。扬子江：长江下游，今江苏仪征、镇江、扬州一段的江水。

②丁仙芝，字元祯，润州曲阿（今江苏丹阳）人，生卒年不详。唐玄

宗开元十三年(725)擢进士第,后授主簿、余杭县尉等职。丁仙芝颇负诗名,殷璠《河岳英灵集》谓其诗风:“婉丽清新,迥出凡路。”其诗今存十四首。

③桂楫(jí):桂木做成的船桨,这里指代船。楫,船桨。中流:江中。

④润州:唐代州名,故址在今江苏镇江。

⑤边阴:边地的云气。

⑥朔(shuò)吹:北风。

⑦淅沥(xī lì):拟声词,这里指落叶声。度:传送。

幽州夜吟①

张　说

凉风吹夜雨,萧瑟动寒林②。
正有高堂宴③,能忘迟暮心④。
军中宜剑舞⑤,塞上重笳音⑥。
不作边城将,谁知恩遇深⑦。

【注释】

①诗作于唐玄宗开元六年(718),张说以右羽林将军检校幽州都督时。诗人自开元元年(712)罢相,贬相州,迁荆州长史、幽州都督,久不得还京,心中怨愤不已。这首诗写诗人在幽州任上与边将宴饮,描绘了萧瑟的秋景、凄凉的笳音,抒发了被贬边境后的迟暮之心和宦海浮沉的感慨。幽州:唐代州名,境辖相当于今北京,治所在今北京大兴区。

②动:摇动。

③高堂宴:高大的厅堂里摆设的宴席。

④迟暮:岁暮,衰老,晚岁或者事业无成。

⑤剑舞:舞剑。《史记·项羽本纪》:“(项)庄请入为寿。寿毕,曰:‘君王与沛公饮,军中无以为乐,请以剑舞。’项王曰:‘诺。’项庄拔剑起舞。”

⑥重:注重。笳音:边地吹奏笳管的声音。

⑦恩遇:皇帝的恩宠。